Stefanie Ernst

Manual Lehrevaluation

Stefanie Ernst

Manual
Lehrevaluation

VS VERLAG FÜR SOZIALWISSENSCHAFTEN

Bibliografische Information der Deutschen Nationalbibliothek
Die Deutsche Nationalbibliothek verzeichnet diese Publikation in der
Deutschen Nationalbibliografie; detaillierte bibliografische Daten sind im Internet über
<http://dnb.d-nb.de> abrufbar.

1. Auflage 2008

Alle Rechte vorbehalten
© VS Verlag für Sozialwissenschaften | GWV Fachverlage GmbH, Wiesbaden 2008

Lektorat: Frank Engelhardt

VS Verlag für Sozialwissenschaften ist Teil der Fachverlagsgruppe
Springer Science+Business Media.
www.vs-verlag.de

Das Werk einschließlich aller seiner Teile ist urheberrechtlich geschützt. Jede Verwertung außerhalb der engen Grenzen des Urheberrechtsgesetzes ist ohne Zustimmung des Verlags unzulässig und strafbar. Das gilt insbesondere für Vervielfältigungen, Übersetzungen, Mikroverfilmungen und die Einspeicherung und Verarbeitung in elektronischen Systemen.

Die Wiedergabe von Gebrauchsnamen, Handelsnamen, Warenbezeichnungen usw. in diesem Werk berechtigt auch ohne besondere Kennzeichnung nicht zu der Annahme, dass solche Namen im Sinne der Warenzeichen- und Markenschutz-Gesetzgebung als frei zu betrachten wären und daher von jedermann benutzt werden dürften.

Umschlaggestaltung: KünkelLopka Medienentwicklung, Heidelberg
Druck und buchbinderische Verarbeitung: Krips b.v., Meppel
Gedruckt auf säurefreiem und chlorfrei gebleichtem Papier
Printed in the Netherlands

ISBN 978-3-531-15980-5

Inhaltsverzeichnis

Vorwort	....	7
Einleitung	....	10
1.	**Was ist Evaluation?**	15
1.1	Entwicklung der Evaluation	16
1.2	Formen, Aufgaben und Standards der Evaluation	17
1.3	Interne Evaluation an der Hochschule	18
2.	**Ebenen, Formen und Zugänge zur Qualitätssicherung** ...	25
2.1	Qualitätssicherung	26
2.2	Qualitätsentwicklung	28
2.3	Qualitätsindikatoren	29
2.4	Umsetzung	31
3.	**Planung einer internen Evaluation**	39
3.1	Beurteilung und Weiterentwicklung von Qualität durch interne Evaluation	42
3.2	Ablauf einer internen Evaluation	43
3.3	Servicestellen	45
3.3.1	Befragungsgruppen im Evaluationsszenario	45
3.4	Follow-up	48

4.	**Externe Begutachtung**	53
4.1	Exkurs: Anerkennung von Studienabschlüssen durch Akkreditierung	57
5.	**Verfahren zur Datenerhebung**	61
5.1	Geschlossene und offene Erhebungsverfahren	63
5.2	Gruppendiskussionen	63
5.3	Leitfadengestützte Interviews	63
5.4	Interpretation und Auswertung der Daten	64
6.	**Materialien**	67
6.1	Offene und standardisierte Feed-Back-Verfahren	68
6.1.1	Koordinatenkreuz	69
6.1.2	Erwartungsabfrage	69
6.1.3	Feed-Back über Lernerfolge	70
6.1.4	Messung der Erfolgsspanne	71
6.2	Lehrveranstaltungsbewertung mit *Evaprof*	74
6.3	Items guter Lehre	80
6.4	Scannergestützte Evaluation mit *EvaSys*	82
6.5	Befragung weiterer Studierendengruppen	82
6.6	Evaluation mit MAXQDA	87
6.7	Leitfaden für Gruppendiskussionen mit Studierenden	89
6.8	Leitfaden für Gruppendiskussionen mit Lehrenden	91
6.9	Abfassung von Lehrberichten und Studienreformberichten	93
7.	**Checkliste zur Anwendung der Standards für Evaluation**	97
8.	**Literatur**	101
9.	**Weiterführende Links**	109

Vorwort

Noch ein Buch zur Evaluation? Bei der weitverbreiteten *Evaluitis*, wie sie Frey 2006 konstatierte, scheint der Markt weitgehend übersättigt. Wenngleich Evaluation inzwischen zum bisweilen unbeliebten aber doch gängigen Standardrepertoire in den verschiedensten Politik- und Handlungsfeldern oder gar zur Mode avanciert ist, ist längst nicht jeder und jede damit konfrontierte Lehrende in der Lage oder willens, dieses komplexe Instrument zu durchschauen, geschweige denn anzuwenden. Stunde um Stunde, Sitzung um Sitzung wird darauf verwendet, Dinge herauszufinden, die ohnehin jeder schon immer gewusst oder zumindest geahnt hat, lautet die landläufige Meinung.

Seien es Umstrukturierungsplanungen der Hochschule, Überprüfungen von Forschungs- und Lehrleistungen oder gesetzliche Vorgaben: fast jede/r Lehrende hatte schon einmal diverse Berührungspunkte mit unterschiedlich gut gestalteten Evaluationen. Von schlichter „Abneigung gegen Evaluation" (Cramer 2004: 29) und gewissen „Schwellenängsten" (Kuckartz et al. 2007: 7) in der Professorenschaft bis hin zur Formulierung von neun „Gebote(n) fröhlichen Evaluierens" (Füller 2004: 13) reicht die hier nur andeutungsweise wiederzugebende Bandbreite an Bezügen, die klar macht, dass Evaluation nach wie vor umstritten ist.

Wie auch immer die subjektive Meinung und Erfahrung ausfallen mag, der Bedarf, ein Manual für die pragmatische und Erkenntnis fördernde Durchführung von Lehrevaluationen gewissermaßen für den „Institutsgebrauch" abzufassen, war schnell ausgemacht. Gestützt ist diese Beobachtung zudem auf meine Beratungserfahrungen bei der Implementierung eines sogenannten selbsttragenden Systems der Evaluation und Qualitätssicherung an einer NRW-Hochschule von 1999 bis 2004. Dieses System war Modell gebend für die erste im Land Nordrhein-Westfalen abgeschlossene Zielvereinbarung im Programm „Studienreform 2000plus". Die Hochschule wurde über das Projektende hinausgehend in Folge neben drei weiteren Hochschulen unter achtundsechzig Bewerbern vom Stifterverband für die deutsche Wissenschaft für ihr herausragendes Qualitätsmanagementkonzept ausgezeichnet.

Die Leserin, der Leser findet mit dem vorliegenden Manual nun eine Anleitung vor, wie die Evaluation von Studium und Lehre so durchführbar und handhabbar organisiert werden kann, ohne dass das alltägliche Kerngeschäft von Forschung und Lehre durch unnötigen, zum Teil ärgerlichen Verwaltungsaufwand nahezu still gestellt wird.

Mit dem von Kuckartz et al. (2007) vorgelegten Praxiseinstieg in die *Qualitative Evaluation* liegt bereits ein auf einzelne Lehrveranstaltungen bezogenes Methodenhandbuch vor, das eindrucksvoll einen Evaluationsprozess innerhalb von 100 Stunden vorführt. Hier soll dagegen über einzelne Lehrveranstaltungen hinausgegangen und an das breitere Feld der sozialwissenschaftlichen Evaluation von Studium und Lehre herangeführt werden. Zugleich soll hier ein fruchtbarer Mix quantitativer und qualitativer Methoden der Sozialforschung so vorgestellt werden.

Das *Manual Lehrevaluation* erhebt damit nicht den Anspruch, die Entstehungsgeschichte, die anhaltende und komplexe Auseinandersetzung um Evaluation in ihrer ganzen Breite nachzuzeichnen. Es nimmt sich vielmehr vor, eine praxiserprobte und sozialwissenschaftlich ausgerichtete Hilfe bereitzustellen, um im unüberschaubaren und bürokratisch wirkenden ‚Hochschuldschungel' ohne übermäßigen Aufwand Lehrevaluation auf der Grundlage differenzierter, empirisch gestützter Analysen zu betreiben. Explizit ausgeschlossen wird in diesem Manual der Gedanke einer Vergleichbarkeit zum Teil nicht vergleichbarer Lehrveranstaltungen innerhalb einer Lehreinheit sowie ein fragwürdiges *Benchmarking* mit Bestnoten für einzelne ‚Helden und Heldinnen der Lehre', die eher an eine Punktejagd erinnert, denn konstruktiven Respons an jene Lehrende liefert, die an Verbesserungen der Qualität ihrer Lehre interessiert sind. Hier ist vielmehr an die reformatorische Idee seriöser Rückmeldeverfahren zu Studium und Lehre gedacht, die allenfalls gegenüber einer externen Evaluation durch auswärtige Fachkolleginnen und -kollegen aus Hochschule und Praxis einen Abgleich erfahren können.

Im hier vorliegenden Leitfaden kommen demzufolge die Erfahrungen zum Ausdruck, die der Eigenlogik des Lehr- und Studiengeschehens in der Hochschule verpflichtet sind und die ohne die konstruktive Mitwirkung und Bereitschaft zahlreicher engagierter Akteurinnen und Akteure so nicht hätten zusammengetragen werden können. Mein Dank gilt daher den betroffenen Kolleginnen und Kollegen, die sich in manch einem Arbeitskreis ‚Qualität der Lehre', manch einem Verhandlungs- oder Beratungsgespräch zu Beteiligten haben machen lassen. Weiterhin danke ich Benno Biermann für das gemeinsame Planen und Umsetzen des dahinterstehenden, mit viel zäher Überzeugungsarbeit angetriebenen Entwicklungsprozesses, den engagierten Kolleginnen des Projektes Kerstin Brünenberg, Birgit Hennecke und Samia Jalal sowie der Hochschulleitung, an der ich in Stabsstellenfunktion angegliedert war und so interessante Einblicke in die vielfältigen Facetten des Hochschullebens jenseits meiner eigenen Forschungs- und Lehrtätigkeit gewinnen konnte. Damit liefen verschiedene Beobachtungs- und Aktionsfelder zusammen, die komplexe Kommunikation erforderten, womit ein unerlässlicher Punkt auch von Evaluationsberatung schlechthin benannt ist.

Zu ahnen ist hier, dass es sich um einen *langfristigen* Implementierungsprozess handelt. Ausgangslage war das in Nordrhein-Westfalen neu eingeführte Steuerungsinstrument der *Zielvereinbarung*, das aus dem Personalmanagement kommend, den Ehrgeiz verfolgte, eine Landeregierung sowie eine Großorganisation Hochschule auf gegenseitig geltende und zu vereinbarende Leistungen festzulegen. Hintergrund ist dabei zum einen auch die Verwaltungsreform, zum anderen die Umstellung in der Finanzierung und so genannten *Profilbildung* der Hochschulen: von der alten Kameralistik und einem breiten Studienangebot an vielen Standorten hin zur Konzentration auf einige „Leuchttürme", die nunmehr ihren eigenen Globalhaushalt zu verantworten haben. Die gegenwärtig stattfindende Umstellung von traditionellen Studiengängen auf Bachelor- und Masterabschlüsse, von denen manche in den nächsten Jahren bereits vor der Re-Akkreditierung stehen, spiegelt sowohl die mit der Hochschulreform einhergehende verstärkte Internationalisierung als auch die Übertragung von mehr Verantwortung und Freiheit in der Einführung neuer Studiengänge. Die Landesministerien ziehen sich aus der Genehmigung und Bewilligung von Studiengängen und -ordnungen zurück. Pohlenz (2008) bringt das neue Verständnis der Hochschule gut zum Ausdruck, wenn er als Merkmal hochschulpolitischer Trends von „Marktvergesellschaftung, Wettbewerb, [und] vergleichende(n) Leistungsbeurteilungen" (Pohlenz 2008: 67) spricht.

Evaluation von Studium und Lehre droht damit ggf. in den Sog des Legitimationsparadigmas zu geraten; zugleich steigt jedoch der „Bedarf an Professionalisierung im Bereich der Entwicklung, Implementierung und Administration von systematischen Verfahren zur Leistungsbeschreibung und Leistungsbeurteilung" (Pohlenz 2008: 67) Hier will das vorliegende Manual zudem Abhilfe schaffen und professionell betriebene Evaluation von Studium und Lehre vorstellen, die sich gegenüber den scheinbar „unausweichliche(n) Konsequenzen von mehr Eigenverantwortung" (Pohlenz 2008) aktiv statt reaktiv behaupten kann und soll!

Nicht zuletzt gilt mein Dank Susanne Giel für die kritische Sichtung des Manuskriptes und das eine und andere Fachgespräch über Theorie und Praxis der Evaluation.

„Die meisten Studenten bekommen irgendwann Depressionen, schlafen zu lange, ernähren sich falsch, essen lieber in der Mensa als so ein leckeres Käsebrötchen mit Tomate, fahren einmal im Jahr nach Indien oder New York, um alles zu vergessen, haben Rückenschäden von falschen Schreibtischstühlen (...). Keiner versteht sie und interessiert sich für sie und am allerwenigsten ihre Lehrer. Sie trauen sich nichts mehr zu, weil sie denken, dass sie im echten Leben nicht willkommen sind."
(Spiegel Spezial 1998)

Einleitung

Was der *Spiegel* noch lakonisch als Misere der deutschen Hochschule beschrieb, trifft zehn Jahre später auf eine auf dem ersten Blick völlig veränderte Hochschullandschaft, deren Reform immer noch anhält. Wie alle öffentlichen Einrichtungen muss sich auch das staatliche Bildungswesen der neuen Herausforderung der Evaluation stellen. Schulen und Hochschulen sollen über die Qualität der Ausbildungsziele, über Erfolge und Misserfolge, systematisch Rechenschaft ablegen und auf diese Weise Verbesserungen realisieren. Hinter dieser Erwartung stehen verschiedene Interessen: Der Anspruch der Hochschule auf *Autonomie* – verkörpert im Globalhaushalt – eine vorteilhafte Positionierung im zunehmenden *Wettbewerb* sowie der Zwang zur *Legitimation* der Ausgaben für die Wissenschaft und die effiziente Erfüllung des *Bildungsauftrages*. Solche Motive bilden den Hintergrund eines ständig wachsenden Angebotes verschiedener *Qualitätssicherungsinstrumente* und *Prüfverfahren*. Hierzu zählen u.a. die regelmäßige Bewertung von Lehrveranstaltungen, die interne und externe Evaluation sowie *Akkreditierung*.

Für die kontinuierlich ausgerichtete Qualitätssicherung in der Hochschule wird die Zusammenarbeit zwischen den jeweiligen Interessengruppen wie Studierende, Lehrende, Hochschulleitung, Hochschulverwaltung damit wichtiger. Alle Beteiligten sind vor neue, nicht zu unterschätzende Aufgaben gestellt, die Zeit und Energie binden. Im Wettbewerb um Studierende und knappe finanzielle Ressourcen gewinnen der Dienstleistungscharakter der Bildungseinrichtung und damit auch der ökonomische Aspekt des effizienten Einsatzes von Ressourcen, der Zielfindung und Schwerpunktbildung an Bedeutung. Forciert wird dabei die systematische Suche und Erarbeitung eines spezifischen *Profils* und Selbstverständnisses der jeweiligen Hochschulen, die dafür in den letzten Jahren mehr Gestaltungsfreiheit und Selbstverantwortung erhalten sollten. Dabei ist es wichtig, Qualitätssicherung auf der Grundlage *differenzierter, empirisch gestützter* Analysen zu betreiben und zu *gesicherten* Befunden über Stärken und Entwicklungspotenziale in Studium und Lehre zu gelangen. In der Praxis werden Hochschulen daher auch zur systematischen Evaluation von Studium und Lehre angehalten. Neben diesen institutionellen Eigenanstrengungen bestehen aber auch gesetzliche Verpflichtungen sowohl zur *kontinuierlichen* Qualitätsentwicklung als auch zur *periodisch* erfolgenden Evaluation (MSWF 1998; MSWWF 2000; HambHG 2001). Die Hochschulen sind gefordert, sich durch die regelmäßige Befragung Studierender, Rückmeldungen über die Qualität der angebotenen Lehrveranstaltungen in unterschiedlicher Intensität und Häufigkeit zu organisieren und die Ergebnisse zu veröffentlichen. § 6 des nordrhein-westfälischen Hochschulgesetzes bzw. jetzt des Hochschulreformweiterentwicklungsgesetzes zählt beispielsweise zu den Aufgaben der Hochschule auch die Evaluation, bei der „alle Mitglieder und Angehörigen der Hochschule" eine Mitwirkungspflicht haben. „Insbesondere die Studierenden werden zu ihrer Einschätzung der Lehrveranstaltungen und Studiengänge befragt. Auch hochschulauswärtige Sachverständige sollen an der Bewertung beteiligt werden" (MWF 2000). Die Hochschule wird darüber hinaus angehalten, ihre Grundsätze zur Evaluation in einer Ordnung zu dokumentieren. Um derartig verpflichtende Evaluationsmaßnahmen dauerhaft zu etablieren und erfolgreich durchzuführen, empfiehlt es sich entsprechend zentrale Ressourcen zur Verfügung zu stellen. Evaluation ist dabei in einem zweistufigen Verfahren optimal angelegt:

Die *interne* Evaluation umfasst Prozesse der Selbstvergewisserung eines Faches in Bezug auf die Qualität von Studium und Lehre sowie seine organisatorischen und strukturellen Aspekte. Um diese kontinuierliche Selbstüberprüfung zu unterstützen, ist es notwendig, dass sich die Hochschulleitung regelmäßig gemeinsam mit den betroffenen Lehreinheiten über die Ziele der Hochschule austauscht und entsprechende kommunikative Prozesse organisiert. Die *externe* Evaluation schließt dabei die Begutachtung durch auswärtige Fachkolleginnen und -kollegen ein.

Wie die Evaluation von Studium und Lehre ohne übermäßigen Aufwand konkret geplant und umgesetzt werden kann, was die *externe Evaluation* von der *Akkreditierung* unterscheidet und welche gängigen Verfahren, Erhebungs- und Auswertungsinstrumente für die Qualitätsüberprüfung in Studium und Lehre eingesetzt werden, zeigt dieses Manual. Es stützt sich auf mehrjährige Erfahrungen der Konzeption, Umsetzung und Auswertung von Verfahren und Maßnahmen der Qualitätssicherung sowie der internen und externen Evaluation von Studium und Lehre.

Kapitel 1 befasst sich zunächst mit der Entwicklung, den Formen und Aufgaben der Evaluation bevor der grundlegende und polyvalente Begriff der Qualität, seine Dimensionen und die daraus abgeleiteten Modelle der Qualitätssicherung ohne Anspruch auf Vollständigkeit in Kapitel 2 skizziert werden. Kapitel 3 beschreibt sodann die konkrete Planung und den Ablauf der internen Evaluation an der Hochschule. In Kapitel 4 wird auf die externe Evaluation als einer möglichen Maßnahme der Qualitätssicherung im Rahmen des von Hochschulrektorenkonferenz und Wissenschaftsrat empfohlenen zweistufigen Evaluationsverfahrens durch auswärtige Peers eingegangen, woran sich die gänzlich anders ausgerichtete Akkreditierung nur im Exkurs anschließt. Im anschließenden Kapitel 5 werden die sozialwissenschaftlichen Verfahren der Datenerhebung beschrieben, um standardisierte und offene Erhebungen mit Blick auf die Zielstellung der jeweiligen Evaluation beurteilen und dem Evaluationsdesign entsprechend auswählen zu können. Die Kapitel 6 bis 9 versammeln die für die Evaluation von Studium und Lehre relevanten Materialien und Daten sowie der Ansprechpartner, verantwortlichen Stellen, das Literaturverzeichnis und Hinweise auf weiterführende Weblinks.

„Evaluieren ist schon schwierig genug, aber noch eine viel größere Herausforderung stellt die Veränderung der Realität an Hochschulen dar. Solange man nur Datenmaterial zur Qualität von Lehre und Forschung auf geduldigem Papier zusammenstellt und darüber in den Gremien redet, bleibt die Evaluation folgenlos und damit harmlos. Unbequem wird es erst, wenn aus dem vermeintlichen Datenfriedhof Konsequenzen auf der Handlungsebene gezogen werden. Gewohnheiten, Auffassungen, Vorgehensweise, aber auch Privilegien von einzelnen Hochschulmitgliedern drohen durch Reformprojekte verändert oder gar auf den Kopf gestellt zu werden. Häufig entsteht daraus eine interessante Situation, die diverse Optionen bietet: Es bilden sich Widerstände, aber gleichzeitig steigt auch die Gesprächsbereitschaft, denn es gilt, Unliebsames zu verhindern. Ob und was auf der Handlungsebene dann tatsächlich passiert, ist die Messlatte für den Erfolg einer Evaluation."
(Künzel/Nickel/Zechlin 1999: 105)

1. Was ist Evaluation?

Gegenüber diesem je nach Sichtweise bedrohlichen oder ernüchternden Blick auf das Evaluationsgeschäft an den Hochschulen verfolgt Evaluation zunächst einmal als eine *sozialwissenschaftliche Forschungsmethode* die systematische und empirisch fundierte Überprüfung des eigenen fachlichen Handelns oder von Programmen und Maßnahmen. Sie dient darüber hinaus auch besonders im Hochschulbereich als handlungs- und praxisorientiertes Instrument der Qualitätsentwicklung und Intervention. Evaluationsforschung ist hier als Teilgebiet anwendungsbezogener Forschung zu sehen und kann der Entwicklung von Qualität dienen. Sie setzt sich zum Ziel, auf der Basis fundierter, empirischer Informationen komplexe Gegenstände wie zum Beispiel Studium und Lehre zu untersuchen und Möglichkeiten zu ihrer Optimierung zu entwickeln. Evaluation expliziert bislang intransparente oder implizite Abläufe, Haltungen und Prozesse.

1.1 Entwicklung der Evaluation

In Deutschland werden seit den 1970er-Jahren staatliche Programme evaluiert, nachdem die USA auf eine nahezu 80-jährige Praxis zurück blicken können. In den einzelnen Politikbereichen und Bundesländern ist die Evaluation in Deutschland fachlich je unterschiedlich ausgestaltet. Der öffentliche Sektor steht dabei seit den letzten achtzehn Jahren im Zentrum der Evaluation, was nicht zuletzt in Bildungswesen durch den sog. PISA-Schock forciert worden ist. In Zeiten von Ressourcen- und Finanzknappheit stand und steht dabei auch die Wirksamkeit und Wirtschaftlichkeit der öffentlichen Verwaltung auf dem Prüfstand. Insbesondere in der Forschungspolitik ist seitens der Europäischen Kommission eine Erhöhung der Qualität und Häufigkeit von Evaluationen zu konstatieren. Die Evaluation der Hochschullehre[1] ist inzwischen in zahlreichen Ländergesetzen festgeschrieben und verpflichtend gemacht worden.

Wie das Eingangszitat bereits andeutet, ist Evaluation an den Hochschulen damit noch lange nicht weithin akzeptiert oder gar gegenstandsbezogen angemessen und flächendeckend eingeführt. Vielmehr zeigt sich eine besondere Bandbreite an Meinungen, auf deren Wiedergabe hier nicht verzichtet werden soll. Gleichwohl kann dies nur schlaglichtartig erfolgen: Auf der einen Seite wird Evaluation zum Beispiel als ein hochschulpolitisches Kontroll- und Machtinstrument angesehen. Evaluation sei inzwischen, so Höhne, vom sozialreformerischen Instrument der Bekämpfung von Bildungsungleichheiten ausgehend, zum „reinen Ökonomisierungs- und Standardisierungsinstrument" mit „subtilen Machteffekten" (Höhne 2005: 36), nach Ansicht Brocklings gar zum „sportlichen Ausscheidungskampf" (Bröckling 2004: 78) regrediert. Evaluation schaffe dabei nicht nur die Wirklichkeit, „die sie zu bewerten vorgibt" (ebd.), sondern diene mithin im „neoliberalisierten Postfordismus" (Höhne 2005: 1) als „tayloristisches Steuerungsinstrument" und „panoptische Kontrolltechnologie" (ebd.: 10) der Durchsetzung „repressiv-restriktiver Mittel des Ausschlusses" (ebd.: 1). Das Ergebnis seien Haltungen und Subjektivierungsweisen permanenter Selbstbeobachtung.

Falsch angegangene Evaluation könne zudem Anreizverzerrungen begünstigen, Motivation zerstören und damit letztlich die besonders im Bereich Forschung vielfach geforderten Spitzenleistungen und Exzellenz gefährden (vgl. Frey 2006; Amabile 1998). Damit rückt der potenzielle Selektionscharakter von interner und externer Evaluation, die Einfluss auf die weitere Förderung, den Fortbestand, die

---

1 Mittag et al. (2003: 10 ff.) führen allein acht Evaluationsstellen und -agenturen für Studium, Lehre und Forschung in Deutschland an und stellen ihre Verfahren vor. Dazu zählen u.a. ENWISS, EVALAG, GEU, ZeVA, Nordverbund.

Fusion oder Auflösung der evaluierten Einheit haben kann, in den Vordergrund. Evaluation wird in der Praxis oft, so ist an diesen Statements zu ahnen, falsch umgesetzt.

Denn gut angelegt kann Evaluation auf der anderen Seite durchaus vielschichtiges „komplexes soziales Beobachtungswissen" (Höhne 2005: 34) liefern, das Prozesse sichtbar macht, anerkennt, würdigt und unterstützt. Hier kann Evaluation Motivation sogar steigern. Dies gelingt jedoch nur, wenn der nahezu selbstzweckhaften und zum Teil stümperhaften Jagd nach Kennzahlen, „Countability" und Rechtfertigungsdruck widerstanden wird und man sich nicht mit eindimensionalen Messgrößen in aufgeregt gestrickten sogenannten Evaluationsverfahren zufrieden gibt. Inzwischen wird angesichts zu vieler und zu intensiver Evaluationen schon von einer *Evaluitis* als neuer „sich fieberhaft ausbreitende(r) Krankheit" (Frey 2006: 2) gesprochen, die einer zugleich euphorischen und platten Steuerungswut entsprungen zu sein scheint. Ob sich die Evaluationspraxis[2] dabei nicht nur „zu einem dauernden Wettlauf zwischen den Evaluierten und den Evaluierern" (Frey 2006: 5), sondern zwischen verschiedenen Lehreinheiten und Hochschulen, zwischen Forschung und Lehre schlechthin entwickeln wird, sich in selbstbezügliche Redundanzen und Datenfriedhöfen erschöpft oder gar auf ein sinnvolles Maß einpendeln wird, ist dabei noch offen.

1.2 Formen, Aufgaben und Standards der Evaluation

Für die Kennzeichnung von Evaluationen ist die Verortung und Nutzung der Evaluation ausschlaggebend. In der *internen Fremdevaluation* mit *formativer* Wirkung kann die Evaluation innerhalb der Institution aber außerhalb der untersuchten Einheit (z.B. Verwaltung vs. Lehreinheit) bei der Hochschulleitung angesiedelt sein. Sie kann formativ oder summativ angelegt sein. *Formativ* angelegt zielt Evaluation darauf ab, systeminterne Organisations- und Lernprozesse auszulösen und Ansatzpunkte für Verbesserungen aufzuzeigen.

Summative Evaluation ist auf die Überprüfung eines Programms zum Ende seiner Durchführung ausgerichtet und nimmt damit keinen Einfluss mehr auf aktuelle Interventionen bzw. die Implementierung von Erkenntnissen in den laufen-

---

2 Nicht umsonst hat sich die Fachvereinigung der *Gesellschaft für Evaluation* der Formulierung ethischer und fachlicher Gütestandards für Evaluation verschrieben. Inzwischen ist auch die Evaluation mit berufsbegleitenden Ausbildungen, Zertifikaten und Studiengängen professionalisiert und als neues Berufsbild erschlossen worden.

den Prozess. Hier werden Ergebnisse und Wirkungen von durchgeführten Programmen oder Maßnahmen erfasst (Programm- oder Wirkungsevaluation).

Bei der externen Evaluation ist die Evaluation außerhalb der Institution angesiedelt und wird von auswärtigen Fachexpertinnen und -experten durchgeführt, um eine zuvor erfolgte interne Evaluation mit einem Blick von außen abzurunden.

Evaluation ist im Paradigma der *Erkenntnisgewinnung* und *Entwicklung* auf konkrete Nutzungszusammenhänge ausgerichtet. Sie zielt auf die

- systematische Vergewisserung und Überprüfung eigenen fachlichen Handelns
- Entlastung durch Klärung unbeantworteter Fragen
- Praxisverbesserung und Erkenntnisgewinnung
- Qualitätssicherung und Qualitätsentwicklung
- Sichtbarmachung der Arbeit
- Planung und Steuerung von Prozessen
- Transparenz von Abläufen
- Steigerung des Leistungspotenzials.

Evaluation basiert auf unterschiedlichen Daten, die der Komplexität des Untersuchungsgegenstandes Rechnung tragen. Zumeist wird allerdings von quantitativen Daten ausgegangen, die in der Hochschule zum Beispiel Auskunft über Absolventinnen und Absolventen, Betreuungsrelationen, Ressourcen und Angebote der Einrichtung geben. Hinweise auf die Durchführung von Evaluationen geben hier insbesondere die Standards der Evaluation (Sanders et al. 2006; vgl. Abb. 1). Evaluation sollte an den Kriterien der Nützlichkeit, Durchführbarkeit, Korrektheit und Genauigkeit ausgerichtet werden, um allen Beteiligten hochwertige und verwertbare Ergebnisse zu liefern.

Wenn diese Standards vernachlässigt werden, treten in der Praxis nicht nur Verzerrungen und Akzeptanzprobleme auf. Evaluation wird dann vielmehr auf der einen Seite zum *„dekorative(n) Symbol()"* (Stockmann 2004:18) einer innovativen Politik degradiert und hinsichtlich ihrer methodischen Durchführung unterschätzt. Auf der anderen Seite kann sie aber auch als *massiver Übergriff* auf die Autonomie einer Einrichtung empfunden und daher verständlicher Weise abgewehrt werden. Dies tritt zudem auf, wenn Evaluation einseitig dem Kontrollparadigma unterworfen wird.

1. Was ist Evaluation?

Um Evaluation auf einem angemessenen forschungs- und praxisorientierten Niveau zu betreiben, liefern die in folgender Abbildung zusammengefassten Standards für Evaluation daher eine wichtige Orientierung.

Evaluation soll sich an den geklärten Evaluationszwecken sowie am Informationsbedarf der vorgesehenen Nutzerinnen ausrichten (z. B. Ermittlung der Beteiligten und Betroffenen, Bestimmung von Umfang und Auswahl der Informationen, Feststellung von Werten, Wirksamkeit).	**Nützlichkeit** Evaluationszwecke und Informationsbedarf der Nutzerinnen
Evalution soll realistisch, gut durchdacht, diplomatisch und kostenbewußt ausgeführt werden (z. B. störungsfreie Informationsbeschaffung, kooperatives und politisch tragfähiges Verfahren).	**Durchführbarkeit** realistisch, gut durchdacht, diplomatisch und kostenbewußt
Evaluation soll rechtlich und ethisch korrekt durchgeführt werden (z. B. Unterstützung der Dienstleistungsorientierung, Vereinbarungen, Schutz der Persönlichkeit, faire Einschätzung, Zugänglichkeit der Ergebnisse, Konfliktlösung, verantwortungsvolle Verausgabung).	**Korrektheit** rechtlich und ethisch korrekt
Evaluation soll über die Güte und Verwendbarkeit des Untersuchungsgegenstandes angemessene Informationen hervorbringen und vermitteln (z. B. genaue Dokumentation, Kontextanalyse, Zweck- und Zielklärung, Zuverlässigkeit und Gültigkeit, Vielfältigkeit, Begründung von Schlussfolgerungen).	**Genauigkeit** Güte und Verwendbarkeit der Informationen

Abb. 1:   Standards für Evaluation (vgl. Sanders et al. 2006)

1.3 Interne Evaluation an der Hochschule

An den Hochschulen wird die Evaluation von Studium und Lehre unterschiedlich bewertet. Die Evaluation der eng mit Lehre verknüpften Forschung ist jüngeren Datums als die Lehrevaluation. Sie dreht sich derzeit um die Operationalisierung spezifischer hoch umstrittener Indikatoren sowie ihre fachpolitische Anerkennung (vgl. Wissenschaftsrat; Münch 2006). Das *Zentrum für Qualitätssicherung* (ZQ) der Universität Mainz verfügt hier im Rahmen mehrstufiger Evaluationsverfahren bereits über langjährige Erfahrungen. In diesem Handbuch wird bewusst lediglich auf die Lehrevaluation eingegangen, die für sich ohnedies schon eine komplexe Angelegenheit mehrerer Akteurinnen und Akteure ist.

Angesichts der Strittigkeit von Evaluation ist der Gefahr entgegenzuwirken, dass mit einem platten Praxis- und Verwendungsbezug Folgewirkungen evoziert werden, die die Wissenschaftlichkeit des Verfahrens verletzen. Evaluation steht somit „als Teil der empirischen Sozialforschung" und als „Teil des politischen Prozesses" (Stockmann 2004: 19) in typischen Spannungsverhältnissen, zu den *Stakeholders* (Mittelgeber, Durchführungsorganisation, Zielgruppen, Beteiligte und Betroffene) auf der einen und zum Kontroll- und Legitimationsparadigma sowie zur wissenschaftlichen Erkenntnisaufgabe auf der anderen Seite.

Über die systematische Qualitätsentwicklung mittels bewährter Methoden der Sozialforschung hinaus erfordert die Evaluation an Hochschulen daher die Vermittlung verschiedener Interessen an den Schnittstellen zwischen Lehreinheit, Hochschulverwaltung, Lehrenden- und Studierendenschaft. Unterschiedliche systemische Perspektiven der manchmal konträr strukturierten Einheiten einer Hochschule müssen erschlossen und berücksichtigt werden, wenn die Evaluationsergebnisse anschlussfähig sein sollen. Evaluation stellt in einem komplexen System mit eigenen Sinnstrukturen und Deutungsmustern eine Herausforderung dar, sollen doch unterschiedlich Betroffene zu Beteiligten eines Prozesses und damit zu Agenten organisationalen Wandels gemacht werden.

Neuartige Verfahren, die durch Evaluation eingeführt werden, stoßen in hierarchisch strukturierten Organisationen mit ausgeprägten vertikalen und horizontalen Funktionsebenen (Linien- oder Stabliniensystem, vgl. Abb. 2) oft auf Befremden und erfordern ein „aktives Gestaltungs- und Entscheidungspotenzial" (Heintel 1998: 45), bei dem Veränderung nicht an Experten delegiert wird.

1. Was ist Evaluation?

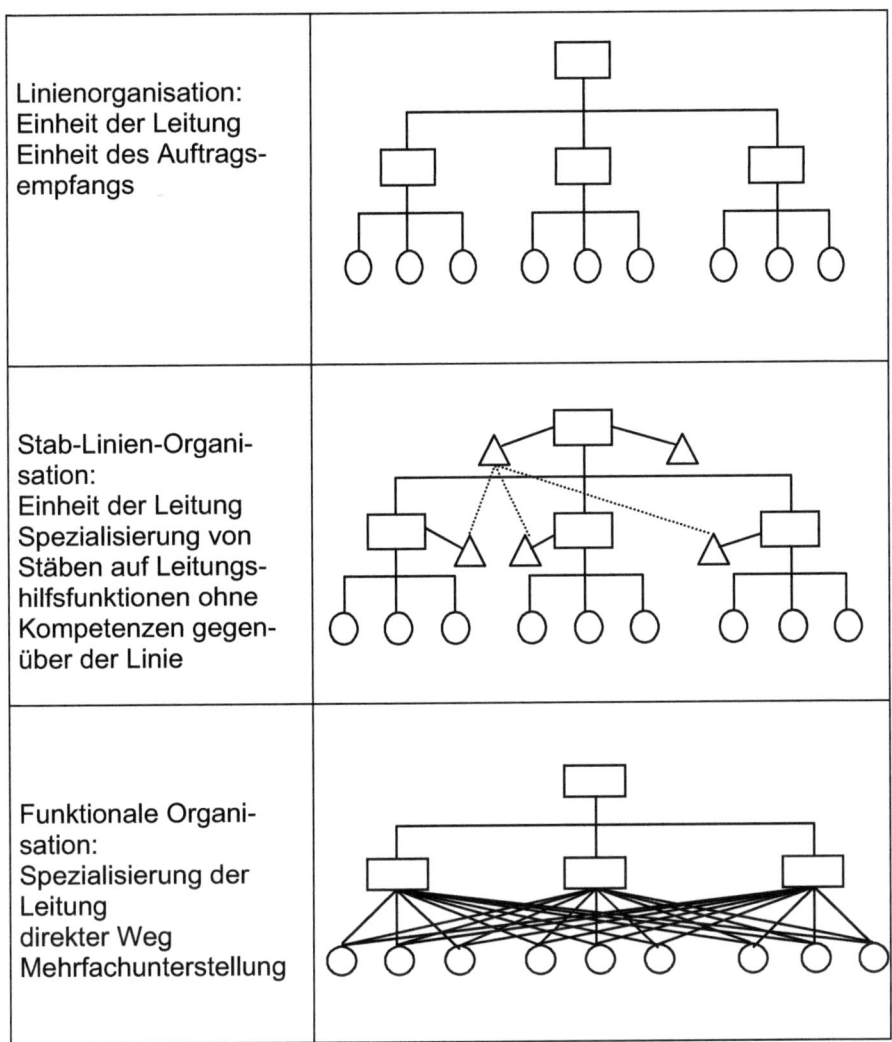

Linienorganisation: Einheit der Leitung Einheit des Auftrags- empfangs	
Stab-Linien-Organi- sation: Einheit der Leitung Spezialisierung von Stäben auf Leitungs- hilfsfunktionen ohne Kompetenzen gegen- über der Linie	
Funktionale Organi- sation: Spezialisierung der Leitung direkter Weg Mehrfachunterstellung	

Abb. 2: Idealtypische Organisationsmodelle

Es ist daher besonders entscheidend zu berücksichtigen, wie die Evaluation organisiert wird: intern oder extern, fremd- oder selbst gesteuert, mit großem oder kleinem Veröffentlichungsradius, mit an Evaluationsergebnissen gebundenen finanziellen und organisatorischen Konsequenzen bis hin zu Sanktionen oder *gegenseitig verbindlich*en Zielvereinbarungen, als Instrument der Qualitätssicherung, -prüfung oder -entwicklung etc.

Auf der anderen Seite wird die *summative* wie *formative interne* Evaluation als ein hilfreicher und wichtiger Prozess der Selbstvergewisserung eines Faches in Bezug auf die Qualität von Studium und Lehre verstanden. Dieses Verständnis von Evaluation stellt auf interne breiter angelegte Prozesse der Qualitätssicherung und Qualitätsentwicklung und somit auf eine innere Reform ab.

Ferner kann Evaluation als Mittel zur externen Rechenschaftslegung der Hochschulen dienen, die sich bereits seit Längerem unter einem zunehmenden Legitimationsdruck in Bezug auf die Verwendung knapper öffentlicher Ressourcen befinden. Unzweifelhaft beinhaltet zwar auch die Evaluation als Selbstvergewisserung einen Kontrollaspekt, und gewiss dienen ihre Ergebnisse auch der öffentlichen Rechenschaftslegung der Hochschule, aber dies ist ihrem Verfahren nur akzidentiell. Im Vordergrund des Evaluationsprozesses steht eine kontinuierliche und systematische Selbstreflexion, die eine produktive Tätigkeit der evaluierten Einheit für sich selbst darstellt. Primär richtet sich die von den Hochschulen *eigenverantwortlich* durchgeführte interne Evaluation als Instrument der Förderung der Qualitätsentwicklung und -sicherung auf organisatorische und strukturelle Aspekte des Lehr- und Studienbetriebs. Damit tritt die institutionelle Verantwortung einer Lehreinheit bzw. eines Fachbereichs für die Lehre stärker in den Vordergrund.

Während die *studentische Veranstaltungsbewertung* noch auf der Ebene der einzelnen Lehrveranstaltungen bleibt und somit der traditionellen Auffassung Vorschub leistet, dass allein der/ die Hochschullehrende und nicht auch Studierende für die Qualität einer Lehrveranstaltung verantwortlich sind, betrachtet die interne und externe Evaluation die gesamte Lehreinheit bzw. den Fachbereich als eine Organisationseinheit.

Evaluation wird vor diesem Hintergrund als ein Mittel der Organisationsentwicklung und der Selbststeuerung verstanden, bei der die einer Organisation inhärente Spannung zwischen sozialem und personalem System sinnvoll aufgelöst werden soll. Hierbei ist selbstverständlich zu berücksichtigen, dass besonders in der Hochschule Steuerungsresistenzen bestehen, die mit für sich genommen äußerst sinnvollen rechtlichen Schutzgarantien, wie der Freiheit von Forschung und Lehre zusammen spielen.

1. Was ist Evaluation?

Ausgangslage dieses Manuals ist dabei die Sicht auf die erkenntnisreichen Beiträge von Evaluationen. Ein *partizipatives* Verständnis von Evaluation setzt zudem darauf, dass weder einzelne Personen, in diesem Fall Lehrende, beurteilt oder kontrolliert werden, noch, dass Studierenden grundsätzlich die Fähigkeit abgesprochen wird, Lehre und Studium angemessen bewerten zu können (vgl. Simonson; Pölschke 2006: 229 f; Rindermann 2003).

Vertiefende Literatur zu Kapitel 1:

Amabile, Teresa (1998): How To Kill Creativity. Harvard Business Review, Sep.-Oct. 76(5), S. 76-87.

Backes-Gellner, Uschi; Petra Moog (Hrsg:) (2004): Ökonomie der Evaluation von Schulen und Hochschulen. Berlin: Duncker und Humblot.

Bröckling, Ulrich (2004): „Evaluation". In: Bröckling, Ulrich; Krasmann, Susanne; Lemke, Thomas (Hrsg.): Glossar der Gegenwart. Frankfurt a.M.: Suhrkamp, S. 76-81.

Frey, Bruno (2006): Evaluitis – eine neue Krankheit. Working Paper No. 293, Institute for Empirical Research in Economics, University of Zurich. Verfügbar über: http://www.iew.uzh.ch/wp/iewwp293.pdf [Stand 01.04.08].

Heintel (1998): Thesen zur Rolle des internen Beraters – aus externer Perspektive. In: Zeitschrift für Organisationsentwicklung, Heft 2, S. 43-51.

Höhne, Thomas (2005): Evaluation als Wissens- und Machtform. Giessen. Verfügbar über: http://geb.uni-giessen.de/geb/portal/eb_giessen/ (Stand 06.05.2008).

Kardorf, Ernst von (2000): Qualitative Evaluationsforschung. In: Flick, Uwe; Kardorff, Ernst von; Steinke, Ines (Hrsg.): Qualitative Forschung. Ein Handbuch. Reinbeck: Rowohlt. S. 242-265.

Keller-Ebert, Cornelia; Kißler, Mechtilde; Schobert, Berthold (2005): Evaluation praktisch! Wirkungen überprüfen. Maßnahmen optimieren. Berichtsqualität verbessern. Heidelberg: Hiba.

Keppler, Dorothee (2007): Prozessoptimierung durch Aktivierung. Die Steigerung der Wirksamkeit prozessbegleitender Evaluationen durch aktivierende Datenerhebung. In: Zeitschrift für Evaluation, Heft 1/2007, S. 61-78.

Künzel, Ellen; Nickel, Sigrun; Zechlin, Lothar (1999): Organisationsentwicklung an Hochschulen. Was geschieht mit den Evaluationsergebnissen? In: *„Viel Lärm* *um nichts?" Evaluation von Studium und Lehre und ihre Folgen. Beiträge zur Hochschulpolitik* 4, hg. von der Hochschulrektorenkonferenz, S. 105-120.

Pohlenz, P (2008): Lehrevaluation und Qualitätsmanagement: Neue Anforderungen für die Hochschulsteuerung. In: Sozialwissenschaften und Berufspraxis, 31 (1), S. 66-78.

Rindermann, Heiner (2001): Lehrevaluation. Einführung und Überblick zur Forschung und Praxis der Lehrveranstaltungsevaluation an Hochschulen. Mit einem Beitrag zur Evaluation computerbasierten Unterrichts. Landau: Verlag Empirische Pädag.

Russon, Craig; Karen Russon (eds) (2000): The Annotated Bibliography of International Programme Evaluation. Dordrecht: Kluwer.

Sanders, James R.; Beywl, Wolfgang; Joint Committee on Standards for Educational Evaluation (2006): Handbuch der Evaluationsstandards: Die Standards des „Joint Committee on Standards for Educational Evaluation". Wiesbaden: VS-Verlag.

Schreier, Gerhard (2006): Evaluation, Akkreditierung und Institutional Audit: Aktuelle Probleme der Qualitätssicherung im Hochschulbereich und mögliche Lösungen. In: Hochschulrektorenkonferenz (Hrsg.): Qualitätsentwicklung in Hochschulen. Erfahrungen und Lehren aus 10 Jahren Evaluation. Projekt Qualitätssicherung. Beiträge zur Hochschulpolitik 8/2006. Bonn, S. 171-173.

Simonson, Julia; Pötschke, Manuela (2006): Akzeptanz internetgestützter Evaluationen an Universitäten. In: Zeitschrift für Evaluation 2/2006, S. 227-248.

Stockmann, Reinhard (2004): Evaluation in Deutschland. In: ders. (Hrsg.): Evaluationsforschung. Grundlagen und ausgewählte Forschungsfelder, 2. Aufl.. Opladen: Leske und Budrich, S.13-43.

Widmer, Thomas (1996): Meta-Evaluation. Kriterien zur Bewertung von Evaluationen. Bern: Haupt.

Weber, Marcel (2007): Wissenschaftstheorie der Evaluationen. In: Matthies, Hildegard; Simon, Dagmar (Hrsg.): Leviathan, Sonderheft 24: Wissenschaft unter Beobachtung. Effekte und Defekte von Evaluationen. S. 25-43.

2. Ebenen, Formen und Zugänge zur Qualitätssicherung

Der Begriff der Qualität und der Qualitätsentwicklung umfasst mehrere Dimensionen: Es geht darum, Prozesse, Strukturen und Ergebnisse kontinuierlich und weitestgehend allumfassend zu überprüfen und Verbesserungsmaßnahmen zu entwickeln. Qualität richtet sich nach den fachlichen und organisatorischen Zielsetzungen und Interessen einer Organisation oder Einrichtung: Sie ist eine „reflexive, substantiell auf Diskurs verwiesene Kategorie" (Merchel 2001: 36). *Qualitätsdialoge* beziehen sich „gleichermaßen auf die Konstruktion von Bewertungsmaßstäben für Qualität wie auf Verfahren der Qualitätsbewertung" (ebd.).

Eine Aufgabe der *Qualitätssicherung* besteht darin, die verschiedenen Ebenen von Qualität zunächst zu differenzieren und entsprechende Messinstrumente zu entwickeln. So besteht ein Unterschied zwischen Struktur-, Ergebnis- und Prozessqualität.[3]

Während *Strukturqualität* sich etwa in organisatorischen Rahmenbedingungen, personeller und sächlicher Ausstattung, Konzeption und Organisation manifestiert, ist *Ergebnisqualität* an Faktoren wie der Wirtschaftlichkeit, Zielerreichung, Zufriedenheit oder dem Absolventenerfolg zu erkennen. *Prozessqualität* meint dagegen all jene schwieriger zu messenden Aktivitäten, die der Leistungserbringung dienen und die bspw. Kooperation, Interaktion, Information und Kommunikation ausmachen.

Ihre „Vieldimensionalität", Bedeutungsvielfalt und Kontextabhängigkeit lässt Qualität mithin „nicht in einer Weise empirisch abbildbar [erscheinen, S.E.], wie es das wissenschaftliche Konzept >Messen< verlangt" (Kromrey 2004: 241). Nach Donabedian (1966) besteht eine Wechselwirkung zwischen den drei Ebenen von Qualität: Die Qualität von Strukturen wirkt auf die Qualität von Prozessen und von Ergebnissen.

Übertragen auf das Feld der Hochschule ist es relativ einfach, Strukturdaten eines Fachbereichs anhand der Indikatoren Auslastung, Betreuungsrelation, Per-

---

3 Das dreidimensionale durchaus umstrittene Modell *structure quality*, *process quality* und *outcome quality* wird dem Amerikaner Avedis Donabedian zugeschrieben, der es für den Bereich des Gesundheitswesens entwickelt hat. Maja Heiner hat es sodann bereits in den 1980er-Jahren als heuristisches Konzept in die Diskussion eingebracht. Inzwischen hat sich diese Differenzierung nicht nur im Sozialbereich, sondern auch in anderen Politikfeldern etabliert (vgl. Faßmann 2008).

sonalbestand, Studierendenzahlen etc. zu gewinnen. Auch Absolventenzahlen, Abbrecherzahlen u.a. können etwas über die Ergebnisqualität von Studium und Lehre aussagen. Lehr-, Lern- und Beratungsprozesse sind demgegenüber zweifellos schwieriger zu erfassen, und die Qualitätsentwicklung stößt hier an die Grenzen quantitativer Methoden. Umso wichtiger ist gerade hier die Wahl des geeigneten Verfahrens der Evaluation und der darauf abgestimmten Erhebungsinstrumente.

2.1 Qualitätssicherung

Die Qualitätssicherung wurde an den Hochschulen ab Mitte der neunziger Jahre des 20. Jahrhunderts mit den Pilotprojekten von Hochschulrektorenkonferenz und Wissenschaftsrat nach niederländischem Vorbild eingeführt (vgl. Mittag et al. 2003: 10 ff.). Qualitätssicherung wirkt in der Hochschule sowohl nach innen als auch nach außen und berücksichtigt die Interessen des Staates und der Öffentlichkeit an Information und Rechenschaftslegung.

Die *DIN-ISO-9000 ff.* ist als ursprüngliche Industrienorm der Qualitätsprüfung auf die Qualitätssicherung in Studium und Lehre übertragen worden und hat neben dem *Total Quality Management* als einem von der Kundensicht ausgehenden Management von Unternehmen an den Hochschulen Einzug gehalten. Ziel ist es, vorausschauend Fehler zu vermeiden und Mindeststandards zu sichern. Dieses Qualitätsmanagement ist für einfache, klar umgrenzte Gegenstände geeignet und dient der Stabilisierung und Standardisierung von Prozessen und Dienstleistungen. Es werden Informationen über die Verkettung von Schnittstellen, Gesamtabläufen und Zuständigkeiten gewonnen und Leitziele der Organisation erfasst. Die folgende Übersicht stellt Evaluation und Qualitätsmanagement knapp gegenüber.

Benchmarking setzt dabei als eine bestimmte Methode der betriebswirtschaftlichen bzw. wirtschaftswissenschaftlichen Qualitätsprüfung auf den systematischen Vergleich beispielsweise zwischen verschiedenen Unternehmen oder Unternehmensabteilungen, von Einrichtungen innerhalb von Ländern, Kommunen oder Regionen etc.

2. Ebenen, Formen und Zugänge zur Qualitätssicherung

Qualitätsmanagement	Evaluation
In den 1950er-Jahren entwickeltes ingenieur- und betriebswirtschaftliches Instrument der Automobilindustrie.	In den 1920er-Jahren entwickelte sozialwissenschaftliche Methode, die auf bestimmte Gegenstandsbereiche im Non-Profit-Sektor ausgerichtet ist.
Eigenschaften • Kontinuierlich • Umfassend, total, klärend	**Eigenschaften** • Periodisch und befristet • Partiell und fokussiert • Prozessorientiert • Selbstreferentiell • Flexibel und bedarfsorientiert • Praktikabel und Ressourcen schonend • Qualifizierend • Methodenvielfalt
Akteure • Orientierung an Beteiligten und Betroffenen • Managementaufgabe und Top-Down-Prozess • Kontrollinstrument der Leitungsebene • Intern ausgerichtet	**Akteure** • Orientierung an Beteiligten und Betroffenen • selbstbestimmte Methode der Wahl und Bottom-Up-Prozess • Beratungs- und Stabsfunktion • Extern und unabhängig
Effekte • Stabilisierung von Prozessen • Standardisierung von Dienstleistungen • Informationen über die Verkettung von Schnittstellen, Teilprozessen • Gesamtbild der Abläufe in Organisationen • Klärung von Leitbildern, Leitzielen • Klärung von Zuständigkeiten • Erstellung umfassender Ist-Analyse • Basisdaten (Input-Output ...) • Transparenz finanzieller Rahmenbedingungen	**Effekte** • Verbesserung von Prozessen • Akzeptable, rezipierbare, valide und reliable Daten und Informationen • Erreichbarkeit und realistische Terminierung von Maßnahmen • Klassischer Instrumente des Qualitätsmanagements • Multiperspektivität durch Daten aus Befragung, Beobachtung, Inhaltsanalyse, Dokumentenanalyse

2.2 Qualitätsentwicklung

Qualitätsentwicklung ist ein zielorientiertes und plurales Verfahren der „Steuerung, Regelung und Überprüfung von Qualität" (Beywl 2000: 7) und der darauf ausgerichteten Aktivitäten. Obgleich es sich um unterschiedliche Verfahren handelt, wird im Hochschulbereich die Evaluation of als das Evaluation hierfür optimal geeignete *sozialwissenschaftliche* Verfahren gehandelt. *Qualitätsentwicklung* in Verbindung mit Evaluation unterscheidet sich von der *Qualitätssicherung*, indem sie komplexe Gegenstände untersucht und regelmäßig, auf bestimmte Ausschnitte bezogen sowie prozessorientiert vorgeht. Sie dient damit der Verbesserung von Prozessen und liefert umsetzbare, verständliche und valide Daten und Informationen.

In diesem Kontext ist Qualität in die eingangs angeführten drei Dimensionen zu gliedern und kann anhand bestimmter Indikatoren überprüft werden, wie die folgende an Gerull (1999) angelehnte Abbildung aus dem Sozialbereich verdeutlicht.

Indikator	Dimension
Organisatorische Rahmenbedingungen, bauliche, technische, personelle, sächliche Ausstattung, Konzeption, Führungssystem	Strukturqualität
Aktivitäten zur Leistungserbringung, Dienstleistungsorientierung, Prozess- und Reaktionszeiten zw. auslösendem Ereignis und Prozessbeginn, Kooperation, Informations- und Kommunikationskultur, Fehlerraten	Prozessqualität
Wirtschaftlichkeit, Mitarbeiterzufriedenheit, Erreichung zuvor festgelegter Ziele, Fluktuation, Kundenzufriedenheit, Output – Outcome	Ergebnisqualität

Abb. 3:   Dimensionen von Qualität

2.3 Qualitätsindikatoren

Qualitätsindikatoren sind Maße, die helfen, zwischen *schlechter* und *guter* Qualität zu unterscheiden. Die Ausprägungen der Qualitätsindikatoren, die kausal oder statistisch mit verschiedenen Qualitätsgraden korreliert sind, werden Referenzbereiche genannt. Die Effektivität eines Programms zur Qualitätssicherung hängt maßgeblich von der Auswahl der Qualitätsindikatoren (z.B. relevant, verständlich, messbar, handhabbar und erreichbar) ab. Die folgende Abbildung fasst diese knapp zusammen.

	Qualitätsindikatoren
Bedeutsam für den ausgewählten Qualitätsaspekt	Relevant
Verständlich für Leistungsträger und Zielgruppen	Understandable
Messbar mit hoher Reliabilität und Validität	Measurable
Handhabbar durch Veränderungsmöglichkeiten	Behavioural
Erreichbar für alle Beteiligten	Attainable

Abb. 4: Qualitätsindikatoren

Hier wird der Indikator für Qualität danach festgelegt, wie bedeutsam, verständlich, messbar, handhab- und erreichbar er ist. Deutlich wird daran, dass Qualität kein starr vorgegebenes Konzept, sondern vielmehr prozessorientiert und vielschichtig angelegt ist. Übertragen auf Studium und Lehre können die einzelnen miteinander verwobenen Dimensionen von Qualität wie folgt operationalisiert und unterteilt werden.

Hochschule	Dimension
Anzahl Studierender, Anzahl Lehrender, wissenschaftliche, nichtwissenschaftliche Mitarbeiter/innen, Angestellte, Tutoren, Hilfskräfte, Kapazitäten, Seminar-, Besprechungs-, Hilfskräfte- und Dozentenräume, Lehr-Lernmaterialien, Bibliothek, Literatur, PC, Medien, Fachbereichsentwicklungskonzept ...	Strukturqualität
Lehre, transparente Feedback- und Beratungsstrukturen zur studentischen Leistungserbringung, Reaktionszeit zwischen studentischer Anfrage und Beantwortung, Betreuung Studierender, fehlerfreie Beratung, Kriseninterventionssystem für Studierende, Ansprechbarkeit von Lehrenden, Verhalten von Lehrenden, Informationen...	Prozessqualität
Hohe studentische Selbstkompetenz, Verbesserte stud. Leistungen, Zufriedenheit Studierender, geringe Abbrecherquoten, gute Absolventenerfolge (Vermittelbarkeit) ...	Ergebnisqualität

Abb. 5: Dimensionen von Qualität an der Hochschule

Um zum Beispiel zu ermitteln, ob und inwieweit anspruchsvolle Lehr- und Lernprozesse gelingen können, ist auch ein Blick auf die Rahmenbedingungen einer Lehreinheit sinnvoll: Die Anzahl der Studierenden im Verhältnis zu den Lehrenden, die Zahl der Mitarbeiterinnen und Mitarbeiter, Tutorinnen und Tutoren kann z.T. direkt oder indirekt damit verbunden sein, wie hoch sowohl die Abbrecherquote (Ergebnisqualität) als auch wie erfolgreich die Betreuung Studierender in und um Lehrveranstaltungen (Prozessqualität) ausfällt.

2.4 Umsetzung

Ein Projektbeispiel soll im Folgenden die Umsetzung einer auf Qualitätssicherung bezogenen Zielvereinbarung verdeutlichen: Von zwei organisatorischen Ebenen aus lässt sich etwa eine Zielvereinbarung zur Verbesserung von „Studium und Lehre" gut steuern: Die *strategische* Ebene der Projektumsetzung wird von einem regelmäßig tagenden *Lenkungsausschuss* überwacht, der sich aus Mitgliedern der Hochschulleitung, der Fachbereiche, des Projektteams und der Verwaltung zusammensetzt. Hier wird über den Fortgang der Maßnahmen- und Zielerreichung berichtet (Fortschrittskontrolle) wie auch über richtungweisende Entscheidungen beraten.

Auf der *operativen* Ebene agiert hingegen eine *Projektgruppe*. Hier erfolgt die Initiierung, Beratung und methodisch-fachliche Unterstützung der Lehreinheiten bei der Umsetzung der intern vereinbarten Maßnahmen zur Qualitätssicherung. Die folgenden Abbildungen veranschaulichen exemplarisch ein denkbares Projektdesign.

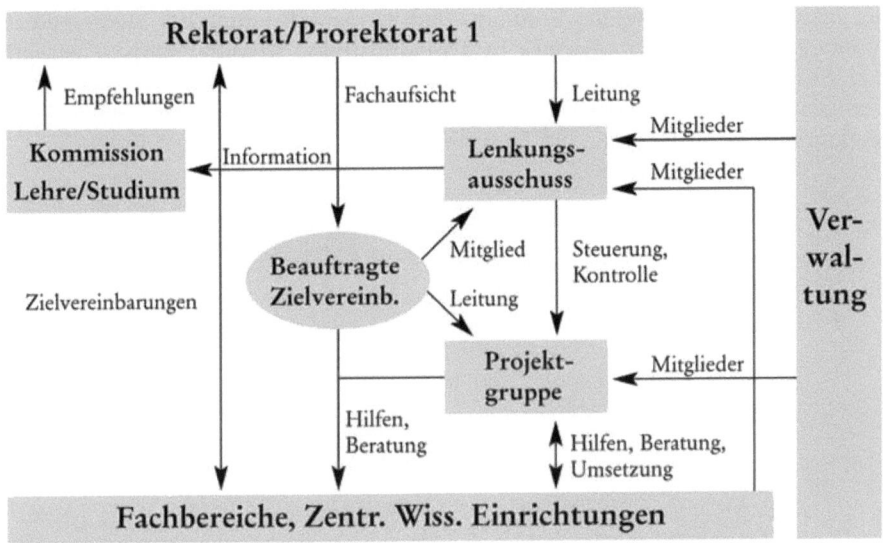

Abb. 6: Strategische und operative Ebenen und Funktionen eines QS-Projektes

Gestützt wird die Arbeit an der Schnittstelle zwischen der Verwaltung und den Fachbereichen bzw. den Instituten durch Beauftragte der Lehreinheiten, die für spezifische Teilbereiche des Projektes zuständig sind und den internen Qualitätssicherungsprozess in ihren Lehreinheiten vorantreiben. Sie werden in Form regelmäßiger von Teammitgliedern moderierter Treffen in themenspezifischen Arbeitskreisen des Projektes unterstützt und begleitet. Durch gezielte und systematische kommunikative Bündelung der Aktivitäten können in enger Kooperation mit den Lehreinheiten selbst tragende Systeme eingeführt werden.

Zur Erreichung der Ziele kann eine Untergliederung der Projektlaufzeit nach mittel- und langfristigen Zielsetzungen, in sogenannte Meilensteine, vorgenommen werden. In diesem Beispiel lässt sie sich in mehrere Phasen unterteilen, die sich in der tabellarischen Übersicht mit einem zunächst noch stark quantifizierend ausgerichteten System modifizieren lässt: neben dem Aufbau und der Evaluation eines regionalen Schulnetzwerks (bestehend aus z.B. einer Datenbank, regelmäßigen Schulveranstaltungen und Befragungen), der Optimierung und Professionalisierung der Beratung und Begleitung Studierender (u.a. durch die Erstellung eines Internet-Beratungsführers und regelmäßiger Beraterschulungen), der Internationalisierung des Studiums und der Mobilisierung der Studierenden (durch z.B. die Einführung eines ECTS-kompatiblen Kreditpunktesystems und den Aufbau eines Welcome Services) steht in diesem Beispiel die auf Lehre bezogene Verbesserung der Didaktik und der Aufbau eines selbsttragenden Evaluationssystems im Zentrum der Zielvereinbarung.

2. Ebenen, Formen und Zugänge zur Qualitätssicherung

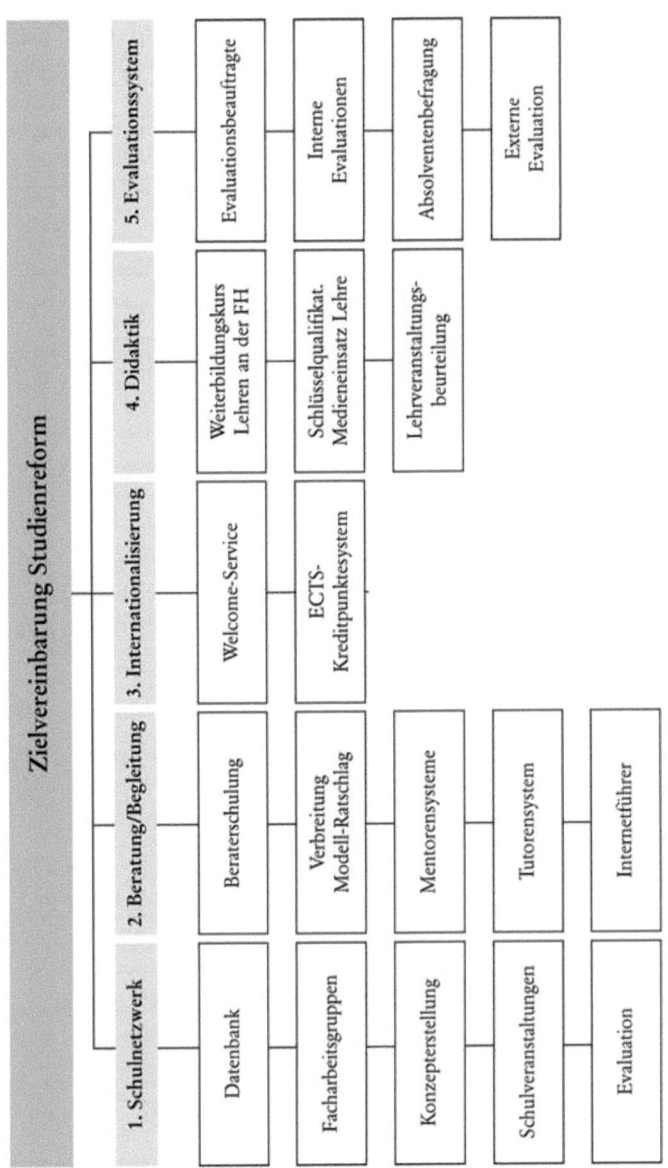

Abb. 7: Teilprojekte der Zielvereinbarung

Exemplarisch und der Zielsetzung dieses Manuals entsprechend wird im Folgenden knapp der Projektbereich 5: *Aufbau eines selbsttragenden Evaluationssystems* erläutert.

Maßnahme: Aufbau eines selbsttragenden Evaluationssystems	Meilensteine Monat X /Jahr Y	Ergebnisse Monat X/ Jahr Y plus 2 Jahre
1. Bestellung von Lehrenden als Evaluationsbeauftragte der Lehreinheit, verantwortlich für Planung und Durchführung von Evaluationsvorhaben der Lehrreinheit sowie für die Berichterstattung	6 Evaluationsbeauftragte	12 Evaluationsbeauftragte
2. Interne Evaluation: Vorbereitung und Durchführung von Befragungen zur Qualität der Lehre bei Studierenden und Lehrenden einschl. Auswertung in moderierten Gruppengesprächen und Evaluationsbericht	6 Interne Evaluationen Lehreinheit: A, B, C, D, E, F	12 Interne Evaluationen
3. Absolventenbefragungen zur Qualität der Lehre	3 Absolventenbefragungen: Lehreinheit: A, B, C	6 Absolventenbefragungen Lehreinheit: D, E, F, G, H, I
4. Externe Evaluation der Lehreinheit durch Peers	3 Externe Evaluationen Lehreinheit: A, B, C	6 Externe Evaluationen Lehreinheit: D, E, F, G, H, I

2. Ebenen, Formen und Zugänge zur Qualitätssicherung

Zielsetzung dieses Teilprojektes ist es, sicherzustellen, dass nach Ablauf des vereinbarten Zeitraumes die Evaluation der Lehre von den Lehreinheiten der Hochschule mit angemessener Unterstützung der Verwaltung selbstständig und auf Dauer fortgesetzt werden kann. Es empfiehlt sich, ein differenziertes System der internen und externen Evaluation der Studiengänge zu entwickeln. Dabei sollten der Komplexität des Studien- und Lehrbetriebs (Struktur-, Prozess- und Ergebnisqualität) entsprechend die entwickelten qualitativen und quantitativen Verfahrensweisen nachhaltig angewendet werden. Ergebnisse aus einem Vorläuferprojekt zur *Qualität der Lehre* in diesem Beispiel belegen, dass nicht alle Lehrenden der Hochschule über Erfahrungen mit der Evaluation von Studium und Lehre verfügten, diese gleichwohl aber für wichtig bis sehr wichtig erachteten, wie folgende Grafik veranschaulicht.

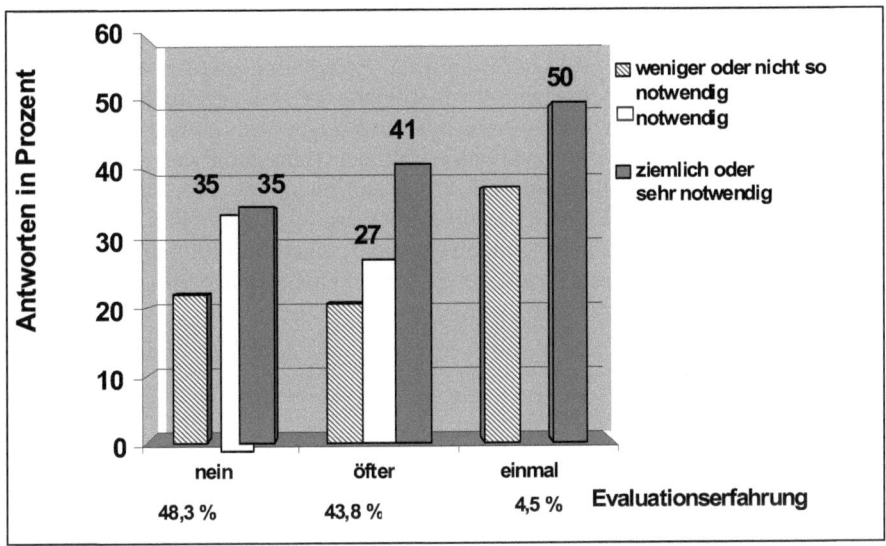

Abb. 8: *Evaluation der Lehre: Erfahrungen und Bedeutung (n= 178)*
Quelle: Biermann, Ernst 1999a

Auf die Fragen: „Haben Sie eigene Lehrveranstaltungen von den Studierenden schriftlich bewerten lassen?" und „Sollte zur Verbesserung der Lehrsituation eine kontinuierliche Evaluation der Lehre durchgeführt werden?", zeigt sich, dass 48,3 % der Lehrenden bislang noch nicht über Erfahrungen mit Evaluation verfügen. Hier wird die Evaluation nicht nur für notwendig, sondern für ziemlich (35 %) bis sehr notwendig gehalten. Ebenfalls hoher Bedarf (50 %) wird von denjenigen angemeldet, die bislang erst einmal ihre Lehrveranstaltung evaluiert haben. Zugleich findet sich in diesem Bereich aber auch die größte Gruppe, die noch für die Evaluation zu gewinnen blieb. Evaluationserfahrene Lehrende (43,8 %) sind dagegen überwiegend von dieser Form der Qualitätsbewertung überzeugt.

Studierenden halten demgegenüber die Evaluation mit bis zu 42 % für ziemlich bis sehr notwendig, immerhin aber auch 21 % für weniger und nicht notwendig (vgl. Biermann/ Ernst 1999b).

Folgerichtig wird in diesem Fallbeispiel die Notwendigkeit gesehen, flächendeckend und hochschulweit ein differenziertes und nachhaltiges System der internen und externen Evaluation der Studiengänge einzuführen und strukturelle Voraussetzungen dafür in den Lehreinheiten zu schaffen, um nach Projektende ein selbsttragendes System der internen Qualitätssicherung durch Evaluation aufrecht zu erhalten. Bausteine dafür sind die Benennung interner Evaluationsbeauftragter an den Fachbereichen und Instituten, die sich regelmäßig in einem hochschulweiten Arbeitskreis austauschen und vernetzen können. Weiterhin wird die interne und externe Evaluation mit der Befragung unterschiedlicher Studierendenkohorten, Lehrenden und Absolvent/innen sowie die systematische Einführung studentischer Lehrveranstaltungsbewertungen vereinbart. Die Erstellung einer von den Beteiligten mitgetragenen Evaluationsordnung steckt hier schließlich idealiter den formellen Rahmen für die Qualitätssicherung in Studium und Lehre auf Dauer ab.

Vertiefende Literatur zu Kapitel 2:

Biermann, Benno; Ernst, Stefanie (1999a): Qualität der Lehre. Ergebnisse der Lehrendenbefragung, Münster (Unveröffentl. Bericht).

Donabedian, Avedis (1966): Evaluating the quality of medical care. In: The Milbank Memorial Fund Quarterly, Vol. XLIV, Number 3, July, Part 2, S. 167-206.

Faßmann, Henrik (2008): Rehabilitationsforschung als Arbeitsfeld von Sozialwissenschaftlern/innen. In: Sozialwissenschaften und Berufspraxis, 31. Jg. Heft 1/2008, S. 147-152.

Gerull, Peter (1999): Selbstbewertung des Qualitätsmanagements. Eine Arbeitshilfe. Berlin: Bundesministerium für Familie, Senioren, Frauen und Jugend.

Hennen, Manfred; Häuser, Simon (2002): Evaluation und Organisationsentwicklung – ein Vergleich. Verfügbar über: http://evanet.his.de/evanet/forum/pdf-position/HennenHauserPosition.pdf. (Stand: 15.04.2006).

Merchel, Joachim (2001): Qualitätsmanagement in der sozialen Arbeit. Ein Lehr- und Arbeitsbuch. Münster: Votum.

Müller-Böling, Detlef (2006): Hochschule und Profil – zwischen Humboldt und Markt? In: Hochschulrektorenkonferenz (Hrsg.): Von der Qualitätssicherung in der Lehre zur Qualität als Prinzip der Hochschulsteuerung. Reihe Beiträge zur Hochschulpolitik, Bd. 1/20006. S. 15-24. Bonn.

Nieder, Tanja; Frühauf, Susanne; Langfeldt, Hans Peter (2004): Studentische Beurteilung organisatorischer und struktureller Aspekte der Studienqualität-Vorstellung eines standardisierten Verfahrens. In: Zeitschrift für Evaluation 2004/2, S. 213-222.

Schiene, Christof (2004): Forschungsevaluation als Element der Qualitätssicherung an Hochschulen. In: Zeitschrift für Evaluation, Heft 1/2004, S. 81-94.

Schratz, Michael; Iby, Manfred; Radnitzky, Edwin (2000): Qualitätsentwicklung: Verfahren, Methoden, Instrumente. Weinheim, Basel: Beltz.

Spiel, Christiane; Martin Gössler (2000): Zum Einfluss von Bias-Variablen auf die Bewertung universitärer Lehre durch Studierende. In: Zeitschrift für Pädagogische Psychologie, Jg. 14, Nr. 1/2000, S. 38-47.

Stockmann, Reinhard (2002): Qualitätsmanagement und Evaluation. Konkurrierende oder sich ergänzende Konzepte? In: Zeitschrift für Evaluation, Heft 2/2002, S. 209-243.

*„Wenn Du nicht mehr weiter weißt,
dann gründe einen Arbeitskreis?!"*

3. Planung einer internen Evaluation

An diesem auf dem ersten Blick wie eine Plattitüde wirkenden Ausspruch steckt auf die Praxis eines Evaluationsprojektes bezogen eine gewisse Plausibilität: Um dieses komplexe Vorhaben, das alltägliche Kommunikationsstrukturen durchaus irritiert, umzusetzen, sind einige Projekt-, Team- und Changemanagementstrategien hilfreich, die sich in verschiedenen Handbüchern zum Thema finden lassen (vgl. z.B. Kessler/Winkelhofer 2002).

Die Evaluation von Studium und Lehre bedeutet dabei auch zu überprüfen, an welchen Zielen Lehre orientiert ist und welche Maßnahmen und Instrumente zur Erreichung dieser Ziele gewählt werden. Das setzt voraus, dass auch die Ziele der Lehre prinzipiell diskutier- sowie überprüfbar und insofern Gegenstand der Evaluation sind.

Ausgangspunkt der Lehrevaluation ist zunächst die grundsätzliche Klärung und Festlegung von Zielen der Evaluation, ihres Gegenstandes und der einzusetzenden Methoden. Auf dieser Grundlage sollte regelmäßig im Rahmen eines partizipativen kommunikativen Prozesses eine Stärken-/Potenziale-Analyse als so genannter „Selbstreport" durchgeführt werden. Dabei ist es erforderlich, zunächst das Zielspektrum einer Lehreinheit oder eines Fachbereichs zu erfassen und zu formulieren. Hierzu zählen auch die individuellen Ziele der Lehrenden sowie die Profil bildenden Ziele der Hochschule.

Folgendes Fazit lässt sich aus dem Projektbeispiel zur Einführung eines Evaluationssystems festhalten:

- Um eine Evaluation erfolgreich zu gestalten, ist eine *offene* und *fehlerfreundliche* Evaluationskultur unverzichtbar. Die Gründung eines Evaluationsteams ist dabei der erste Schritt, um die von Evaluation Betroffenen sogar zu engagierten Beteiligten in eigener Sache zu machen.
- Angeregt von Instrumenten des Projekt- und Changemanagements hat es sich im hier geschilderten Projekt bewährt, eine sogenannte *Kick-Off-Veran-*

staltung als Initialzündung zu Beginn des Projektes durchzuführen und das Evaluationsteam mit allen Beteiligten zusammen zu bringen.
- Dabei ist vor allem zu beachten, dass sowohl zwischen der operativen als auch strategischen Ebene der Projektabwicklung unterschieden wird. Das unter Kapitel 2.4, Abb. 6 angeführte Projektdesign veranschaulicht eine denkbare Verankerung eines befristeten Changeprojektes mithilfe des Steuerungsinstrumentes der *Zielvereinbarung* (Fedrowitz 1999) in der Ablauf- und Aufbauorganisation einer Hochschule.

Bei der Festlegung des Evaluationsgegenstandes können sowohl qualitative Ziele (z. B. Ausbildung entsprechend den Anforderungen des Arbeitsmarktes, Anforderungen der Forschung, Problemlösungskompetenz der Absolventinnen/ Absolventen, Erhöhung des Anteils von Schlüsselkompetenzen[4], Ausweitung der Fach- und Fremdsprachenkenntnisse) als auch quantitative Ziele (z.B. Reduzierung der mittleren/ durchschnittlichen Studiendauer, Öffnung des Studiums für einen nennenswerten Anteil ausländischer Studierender oder Berufstätiger ohne Abitur, Verringerung der Durchfallquoten, Erhöhung des Frauenanteils etc.) formuliert werden.

Die Lehreinheiten sollten deshalb an den Zielen orientierte Strukturdaten einholen, die Aufschluss über Studienverlauf, Prüfungen, Personal, Ausstattung, Studierendenbestand, Absolventinnen/ Absolventen etc. geben. Ein Bereich der Daten für die interne Evaluation wird von der Verwaltung bereitgestellt (Stammdaten). Ein anderer Teil, der insbesondere aus Interviews und Gruppendiskussionen gewonnene Bewertungen, Auffassungen und Informationen enthält, sollte von der Lehreinheit mit Unterstützung geschulter Interviewerinnen und Interviewer, die zuweilen auch von den Länder- oder Regionalverbänden zur Evaluation angefragt werden können, aktuell ermittelt werden. Die zu formulierenden Ziele der Evaluation sollten

---

4   Die Debatte um Schlüsselqualifikationen reicht bis in die 1970er-Jahre zurück, wurde vom früheren Direktor des IAB, Dieter Mertens, angestoßen und prägt seitdem die Arbeitsmarkt- und Berufsforschung. Danach umfassen Schlüsselqualifikationen „Kenntnisse und Fähigkeiten, welche nicht unmittelbaren und begrenzten Bezug zu bestimmten (…) Tätigkeiten erbringen" (Mertens 1974) und angesichts des schnell veraltenden Wissens überdauernd sind, um das Leben in einer modernen Gesellschaft zu ermöglichen. Dabei reichen die modernen Anforderungen an Arbeitskräfte *heute* bis in die „Kernbereiche der Persönlichkeit" hinein, so dass sich die Frage nach den Eingriffsmöglichkeiten und -rechten von außen stellt (Knauf 2001: 46). Mit den Begriffen Sozial-, Methoden-, Selbst- und Fachkompetenz wird in der gegenwärtigen Debatte eine Weiterentwicklung des Diskurses markiert.

- rechenbare Elemente beinhalten, damit deren Erreichung empirisch überprüfbar ist,
- der Qualitätssicherung dienen,
- konkret und überprüfbar sein,
- einen realistischen Zeitrahmen vorgeben, in dem sie erreicht werden können.

Denkbare Ziele einer Lehrevaluation sind in der folgenden Auflistung formuliert:

Vermittlung von Fachkompetenz
- Aktualisierung der Inhalte gemäß Anforderungen des Arbeitsmarktes
- Integrierung neuer fachlicher Entwicklungen (gemäß Wissenschaft)
- Reduzierung veralteten Wissens
- Ausweitung von Fach-/Fremdsprachenkenntnissen
- Integrierung/Ausweitung von „Schlüsselqualifikationen" (z.B. Projektmanagement, Innovationsmanagement, Kommunikationstechnik, Kreativitätstechnik)

Vermittlung von Methodenkompetenz
- Erhöhung der Problemlösungskompetenz
- Ausweitung handlungsorientierten Lernens
- Intensivierung von Fallstudien, Planspielen, Projektstudien

Vermittlung von Individualkompetenz
- Steigerung der selbstständigen Arbeit der Studierenden
- Ausweitung der „Selbstlernphasen" im Studium

Vermittlung von Sozialkompetenz
- Erhöhung des Anteils von teamorientiertem Lernen
- Integrierung von Praxisphasen in das Studium

Auf Studierende/Absolventen und Absolventinnen bezogene Ziele
- Reduzierung der mittleren/durchschnittlichen Studiendauer
- Erhöhung des Anteils von Studierenden, die ihr Studium in der Regelstudienzeit abschließen

> - Verringerung der Durchfallquoten
>   Verringerung der Drop-Out-Quoten /Studienabbrecher/innen
> - Erhöhung der Anzahl von Bewerbern/Bewerberinnen für einen Studienplatz
> - Erhöhung des Frauenanteils in bestimmten Fächern (z.B. Ingenieurwissenschaften)
> - Erhöhung des Anteils ausländischer Studierender

Abb. 9: Beispiel für auf Inhalte bezogene Ziele der Lehre

3.1 Beurteilung und Weiterentwicklung von Qualität durch interne Evaluation

Neben der klaren Zielfestlegung ist ein Verständnis von Evaluation hilfreich, das auf ihren prozessbezogenen und diskursiven Charakter abhebt. Das heißt, dass Qualitätsverbesserungen nicht ausschließlich und nicht primär von exakten, möglichst quantitativ dimensionierten Resultaten von Leistungsmessungen und von den Ergebnissen systematischer Analysen der Stärken- und Entwicklungspotenziale einer Lehreinheit erwartet werden können. Vielmehr stehen auch und vor allem *diskursive Prozesse* der Bewertung, der Diskussion der Bewertungsmaßstäbe, der gemeinsamen Entwicklung von Evaluationsinstrumenten und der Verständigung auf Handlungsziele im Zentrum.

Interne Evaluation stützt sich auf eine umfassende Selbstprüfung der Lehreinheit, bei der alle Gruppen einschließlich der Absolventinnen und Absolventen zu beteiligen sind. Die interne Evaluation basiert dabei zunächst auf der Analyse der erfassten Daten und auf Interviews bzw. Gesprächen mit Studierenden und dem Personal. Sie soll zu einer kritisch-abwägenden Einschätzung selbst gesteckter Ziele und möglicher Hindernisse und Defizite führen.

Nach der derzeitigen Konzeption der internen Evaluation sollten dabei mindestens vier Befragungen an der Lehreinheit mit Lehrenden, Studierenden und Mitarbeiterinnen und Mitarbeitern durchgeführt werden. Es ist aber durchaus denkbar, dass auf die Dauer andere, z.B. stärker qualitativ orientierte methodische Ansätze die quantitativ konzipierten Befragungen zumindest teilweise ersetzen oder ergänzen. Eine gewisse Variation der Methoden erscheint allein schon wegen der heute bereits beobachtbaren, zunehmenden Befragungsmüdigkeit der Adressaten (Studierende, Absolventinnen und Absolventen, Lehrende u.a.) geboten. Empfohlen wird und dem Prozessgeschehen angemessen ist ein interner Evaluationszeitraum

3. Planung einer internen Evaluation

von zwölf bis vierzehn Monaten (Vorlaufzeit, Zielklärung etc. ca. vier bis sechs Monate; Durchführung, Auswertung, Ergebnissicherung ca. sechs bis acht Monate), der alle vier bis sechs Jahre erneuert wird. Am Ende einer internen Evaluation steht der von der Lehreinheit anzufertigende Evaluationsbericht, der die Methoden, Verfahren, Ergebnisse und vereinbarten Maßnahmen beschreibt. Diese Maßnahmenkataloge können auch Inhalt einer Zielvereinbarung zwischen Fachbereich/ Lehreinheit/ Institut und Hochschulleitung sein. Mit der Zielvereinbarung kann zugleich ein neuer Evaluationszyklus eingeleitet werden.

3.2 Ablauf einer internen Evaluation

Um eine interne Evaluation umzusetzen, sind sowohl Aktivitäten der Lehreinheiten als auch zentrale Unterstützungsangebote erforderlich (s. Abb. 10). Zunächst erfolgt in der zu evaluierenden Einheit (Fachbereich, Institut, Studiengang) die Zielklärung und Festlegung des Untersuchungsgegenstandes. Hierzu ist die Gründung eines Arbeitskreises oder Evaluationsteams hilfreich, das aus Mitgliedern der verschiedenen Ebenen der Einheit bestehen sollte (Lehrende, Studierende, Fachschaft, Mitarbeiterinnen und Mitarbeiter). Im Arbeitskreis erfolgt die Diskussion und Definition von Qualität, die Operationalisierung von Indikatoren, um Qualität erfassen zu können sowie die Festlegung von Form, Inhalt, Umfang und Dauer der Datenerhebung (quantitative, qualitative Daten und Verfahren).

Die gesamte Lehreinheit ist in diese wichtige Diskussions- und Entscheidungsphase einzubeziehen, damit das gewählte Evaluationsverfahren breit mitgetragen wird. Stehen das Ziel, der Gegenstand und das Evaluationsdesign fest, erfolgt die Phase der Datenerhebung, die auf ca. ein bis zwei Monate zu veranschlagen ist. Durchgeführt werden können je nach Größe der Befragungsgruppe und Methodenwahl schriftliche Erhebungen in Form eines Fragebogens, eines mündlichen Einzelinterviews oder einer Gruppendiskussion. Statistische Daten und die Analyse vorliegender Dokumente runden die Datensammlung ab. Anschließend erfolgt die Auswertung und Präsentation der erhobenen Daten. Diese Phase beansprucht ca. drei bis vier Monate Zeit. Mit der gemeinsamen Interpretation der Daten geht die wichtige Formulierung von Maßnamen einher, die sowohl intern als auch gegenüber potenziellen externen Gutachterinnen und Gutachtern (peers) die Professionalität und Verbindlichkeit der internen Evaluation aufzeigen. Dieser Maßnahmenkatalog fließt in die Erstellung des internen Evaluationsberichtes ein, der in Rückkoppelungsstufen diskutiert, überarbeitet und gemeinsam verabschiedet worden sein sollte. Hier ist auch die Entscheidung über die Form der Veröffentlichung (fach- und hochschulintern oder extern) zu treffen.

Ablaufmodell einer internen Evaluation

1. Zielklärung und Festlegung des Untersuchungsgegenstandes
2. Konstitution eines Arbeits- oder Gesprächskreises
3. Definition von Qualität und Operationalisierung von Indikatoren für Qualität
4. Festlegung von Form und Inhalt der Datenerhebung
   (quantitative, qualitative Daten und Verfahren)

Schriftliche Erhebung

- Fragebogen an alle Lehrenden
- Fragebogen an alle Studierenden
- Studentische Lehrveranstaltungsbewertung

Statistische Daten

- Personelle Ressourcen
- Studierende: Zahlen, Merkmale
- Materielle Ausstattung
- Kennziffern, Quoten (Auslastung, Kapazität, Betreuungsrelation)
- Prüfungsstatistik

Dokumentenanalyse

- Prüfungs- und Studienordnung
- Konzeptionen, Protokoll, Selbstdarstellungen
- Personal- und Veranstaltungsverzeichnisse
- Publikationen
- Fachschaftspublikationen

Gruppen-/Einzelgespräche mit

- Dekan/in, Leiter/in
- Lehr- und Studienkommission
- Prüfungskommission
- Fachschaft/ Studierendenvertretung
- Studienberater/innen

5. Datenerhebungsphase (1-2 Monate)

6. Auswertung und Präsentation der erhobenen Daten
7. Gemeinsame Interpretation und Formulierung von Maßnamen
8. Erstellung einer Erstfassung des internen Evaluationsberichtes
9. Diskussion und Überarbeitung der Erstfassung
10. Verabschiedung des internen Evaluationsberichtes
11. Beschlussfassung über einzuleitende Maßnahmen und Form der Veröffentlichung
12. Veröffentlichung und Vorbereitung der externen Evaluation

Ergebnissicherung (3-4 Monate)

Abb. 10: Ablaufmodell einer internen Evaluation

3.3 Servicestellen

Zum Angebot von Verwaltungs- oder Servicestellen für die Durchführung von internen Evaluationen an den Lehreinheiten sollte zunächst die Bereitstellung von Instrumenten zur Befragung verschiedener Studierendengruppen und des Lehrkörpers zählen. Der überwiegende Teil der Befragungen kann inzwischen computergestützt mit scannerbasierten Programmen zur Lehrevaluation (z.B. EvaSys) durchgeführt werden. Damit werden kosten- und ressourcenaufwendigere Verfahren der manuellen Dateneingabe vermieden: Dabei ist zu beachten, dass Lehrevaluation sich nicht in der studentischen Lehrveranstaltungsbewertung erschöpft, sondern mehrere Beteiligte, Themen und Befragungen umfassen kann:

- Absolventinnen und Absolventen des Fachbereichs
- Absolventinnen und Absolventen zwei bis drei Jahre nach Studienabschluss
- Studierende höherer Semester (ab dem drittem/viertem Semester)
- Studienanfängerinnen und -anfänger
- Bildungsausländerinnen und -ausländer sowie Bildungsinländerinnen und -inländer
- Studentische Veranstaltungsbewertungen
- Lehrende, Mitarbeiterinnen und Mitarbeiter.

Auch bei der Anwendung qualitativer Verfahren wie Gruppendiskussion oder leitfadengestützte Interviews bietet sich die Hinzuziehung sozialwissenschaftlicher Methodenberatung an. Dabei können auch transkribierte Interviewdaten mithilfe computergestützter Programme wie MAXQDA oder ATLAS.ti weiter aufbereitet, codiert und analysiert werden. Durch die diversen Servicestellen für Evaluation stehen zum Beispiel externe oder interne Moderatorinnen und Moderatoren zur Verfügung, um die Ergebnisse auszuwerten.

3.3.1 Befragungsgruppen im Evaluationsprozess

Verschiedene Befragungsgruppen zählen klassischerweise zu einer internen Evaluation. Dabei können nicht alle Gruppen gleichzeitig befragt werden. Zu den eingangs knapp angeführten Gruppen und günstigen Befragungszeiträumen gehören im Einzelnen:

Absolventinnen und Absolventen

Soweit Befragungen vorgesehen sind, können von den Absolventinnen und Absolventen retrospektiv sowohl in einem zeitnahen als auch in einem zeitlich größeren Abstand Beurteilungen zum Lehr- und Studienbetrieb erfragt werden. Dabei ist es sinnvoll, im Sinne einer Langzeitstudie dieselbe Kohorte von Absolventinnen und Absolventen nach zwei bis drei Jahren erneut zu befragen. Von der Lehreinheit ist hier die Recherche, Anlage und Pflege von Adressdateien der Absolventinnen und Absolventen sowie die Aufrechterhaltung des Kontaktes mit Ehemaligen (Alumni) zu organisieren. Als Befragungszeitraum bietet sich ein Studienjahr an (Befragungszeitraum bis zu sechs Monate). Die Fragebögen bzw. die Hinweise auf eine ggf. internetgestützte Befragung können bei der Anmeldung zur Prüfung ausgehändigt werden. Die Papierfragebögen sollten dann bei der Übergabe der Abschlussurkunde (Bachelor, Master, Diplom, Promotion) wieder eingesammelt und die Daten eingegeben werden. Bei einer Befragung zwei bis drei Jahre nach Abschluss erfolgt die Zustellung der Fragebögen bzw. der Befragungshinweise postalisch (wegen der wahrscheinlich besseren Erreichbarkeit am elterlichen Wohnsitz optimal zur Weihnachtszeit), wobei bei Papierfragebögen an einen frankierten und adressierten Rückumschlag zu denken ist. Nach zwei bis drei Wochen sollten erfahrungsgemäß bei geringem Rücklauf Erinnerungsschreiben versendet werden.

Studienanfängerinnen und Studienanfänger

Studienanfängerinnen und Studienanfänger werden am besten jeweils im Wintersemester befragt. Sie können vor allem über die Einführungs- und Orientierungsphase des Studiums (Betreuung, Beratung, Tutorien) aktuelle Eindrücke vermitteln. Günstig ist die Zeit um die Semestermitte (November/ Dezember), um die Ergebnisse in den aktuellen Lehrbetrieb rückkoppeln zu können. Befragungen sind auf jeden Fall mit Gruppenveranstaltungen zur Auswertung und Perspektivenklärung zu verbinden.

Studierende höherer Semester

Eine weitere Gruppe, deren Vorstellungen von gelungener Lehre qualitativ und quantitativ erhoben werden sollten, stellen die Studierenden höherer Semester (3./ 4. Semester) dar. Sie verfügen schon über einige Semester Studienerfahrung, schreiben noch nicht ihre Abschlussarbeit und können insofern ein von äußerem Druck relativ entlastetes Urteil abgeben. Das Sommersemester erweist sich hier als günstiger Zeitraum. Gesprächs- und Befragungsergebnisse können dann im anschließenden Wintersemester in den Lehrbetrieb aufgenommen werden.

Ausländische Studierende

Die Gruppe bildungsin- und bildungsausländischer Studierender sollte weiterhin speziell befragt werden, um ihre besondere Lebens- und Studiensituation zu erfassen. Sie kann sich oft gravierend von der deutscher Studierender unterscheiden. Dabei sollten für repräsentative Aussagen aufgrund der zum Teil relativ geringen Zahl ausländischer Studierender alle Semester befragt werden. Zugleich stellen die Bildungsinländerinnen und -inländer innerhalb der Gruppe der ausländischen Studierenden eine geeignete Kontrollgruppe dar. Das Instrument der schriftlichen Befragung sollte dabei schon aus Gründen der sprachlichen Verständigung zweisprachig sein und mit großer Sensibilität angewendet werden. Ergänzende Gruppengespräche erscheinen hier unerlässlich und liefern tiefer gehende Einblicke in besondere Lern- und Studienkontexte.

Studentische Veranstaltungsbewertungen

Regelmäßig sollten die Lehrenden ihre Lehrveranstaltungen durch Studierende bewerten lassen. Studentische Veranstaltungsbewertungen können die Kommunikation innerhalb der Lehreinheit verbessern und eine kontinuierliche Rückmeldung der Studierenden gewährleisten. Dabei sollten Veranstaltungsbewertungen in das Gesamtkonzept der Qualitätsverbesserung eingebettet sein, ohne jedoch fragwürdige Rankings der Lehrenden zu bezwecken. Hierfür stehen speziell entwickelte Computerprogramme zur Verfügung (z.B. *Evasys, Evaprof* u.a.), die es den einzelnen Lehrenden ermöglichen, unterschiedlich große Datensätze in einem kompakten Eingabe- und Auswertungssystem benutzungsfreundlich auszuwerten. Zuweilen steht auch ein zentraler Auswertungsservice bereit, um die Fragebögen auszuwerten. Verschiedene Programme sind hier inzwischen entwickelt worden: *Evaprof* bietet zum Beispiel neben ausgewerteten Rohdaten zugleich grafisch aufbereitete Auswertungen an (vgl. Kap. 6.2). *Evasys* offeriert neben standardisierten Fragebogenmustern eigens generierbare Fragebögen und damit noch mehr individuelle Gestaltungsspielräume.

Eine Scanstation für *Evasys* sollte zentral, je nach Gegebenheiten der Hochschule, errichtet werden. Beide Instrumente bieten damit den Vorteil, dass auf die bisher aufwendige Dateneingabe per Hand verzichtet werden kann. Zeitlich bietet es sich an, die Befragung zur Semestermitte durchzuführen, damit Veränderungen noch in der aktuell laufenden Veranstaltung vorgenommen werden können (formative Evaluation).

Lehrende, Mitarbeiterinnen und Mitarbeiter

Lehrende sowie Mitarbeiterinnen und Mitarbeiter sollten ebenfalls befragt werden. Als Angehörige der Hochschule dürften Lehrende und Mitarbeiterinnen und Mitarbeiter eher bereit und motiviert sein, sich auch an längerfristigen, prozessorientierten Formen der Evaluation aktiv zu beteiligen (Gruppengespräche, Qualitätszirkel u. Ä.). Diese Bereitschaft sollte genutzt und Lehrende als Experten in eigener Sache angesprochen werden.

3.4 Follow-up

Nachdem mindestens vier der genannten Befragungen in einem zeitlich selbst festzulegenden Ablauf durchgeführt worden sind, kann der Evaluationsprozess durch einen weiteren Befragungskomplex abgerundet werden, der Vergleichsstudien ermöglicht und dabei hilft, die Umsetzung vormals vereinbarter Verbesserungsmaßnahmen zu überprüfen. Ein Follow-up sollte daher alternierend bei ausgewählten Gruppen (zwei Jahre nach der Erstbefragung) erfolgen, die die Lehreinheit besonders interessieren. Kriterien können dabei z.B. speziell auffällige Ergebnisse vorheriger Befragungen sein.

Ist im Anschluss eine externe Evaluation geplant, sollte der Evaluationsbericht auch die dafür relevanten Daten enthalten.

Zu einer optimalen internen Evaluation und zum Evaluationsbericht zählt die Befragung mindestens einer Gruppe der Studierenden aus unterschiedlichen Studienabschnitten sowie die Darstellung der eingesetzten Verfahren der Lehrveranstaltungsbewertung, die sowohl wahlweise anonymisierte Gesamtergebnisse, als auch eine Befragung der Lehrenden versammeln kann. Es sollte eine Priorisierung der Befragungsgruppen nach Dringlichkeit der Problemstellung und vorhandener Datenlage erfolgen. So kann bei einer erstmaligen Evaluation beispielsweise der Schwerpunkt auf Fragen der Betreuungs- und Beratungsangebote (hier wären dann Erstsemester und/ oder Studierende des dritten Semesters zu befragen) oder der Organisation des Prüfungswesens (Befragung von ExamenskandidatInnen) liegen, während bei der nächsten Evaluation beispielsweise der Studienerfolg anhand der Befragung von Absolventinnen und Absolventen untersucht werden kann. Es bietet sich aber auch an, die bei der letzten Evaluation befragten Gruppen erneut zu befragen, um Veränderungen in den Bewertungen und Entwicklungen aufzuzeigen.

Das folgende Szenario stellt diese Variationsmöglichkeiten dar. Organisatorische Erleichterungen können sich zudem durch die Ergebnisse ergeben, die in den Lehrberichten bzw. Studienreformberichten (vgl. Kapitel 6.9) enthalten sind. Die für den Lehrbericht erhobenen Daten und Analysen geben den Prozess der Fachbereichs- bzw. Institutsentwicklung fundiert wieder und sollten bei der Evaluation genutzt werden.

3. Planung einer internen Evaluation

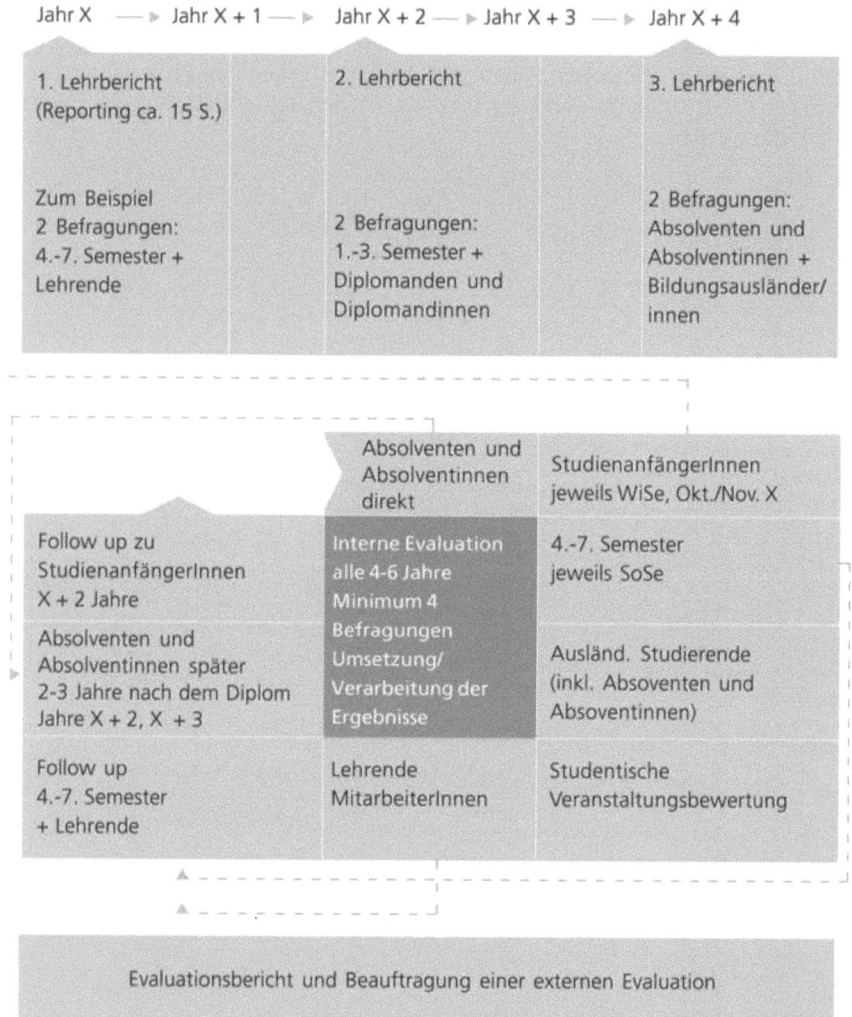

Abb. 11: Evaluationszyklus an einer Lehreinheit

3. Planung einer internen Evaluation

Vertiefende Literatur zu Kapitel 3:

Daniel, Hans-Dieter (2005): Mehrstufige Evaluationsverfahren für Fachbereiche – das Beispiel der Evaluationsstelle der Universität Zürich. In: Zeitschrift für Erziehungswissenschaft. Beiheft 4, S. 257-270.

Hochschulrektorenkonferenz (Hrsg.) (2007): Wegweiser 2006. Qualitätssicherung an Hochschulen. Projekt Qualitätsmanagement. Beiträge zur Hochschulpolitik 9/2007. Bonn.

Kessler, Heinrich; Winkelhofer, Georg A. (2002): Projektmanagement: Leitfaden zur Steuerung und Führung von Projekten. Berlin: Springer.

Knauf, Helen (2001): Schlüsselqualifikationen. Entstehung, Probleme und Relevanz eines Konzeptes. In: Das Hochschulwesen 2/2001, S. 45-50.

Kozar, Gerhard (1999): Hochschul-Evaluierung: Aspekte der Qualitätssicherung im tertiären Bildungsbereich. Wien: WUF.

Kultusministerkonferenz (2005): Qualitätssicherung in der Lehre. Verfügbar über: http://www.kmk.org/ doc/beschl/BS_050922_Qualitaetssicherung_Lehre.pdf (Stand: 07.11.2007)

Lüders, Christian (2003): Evaluationsforschung. In: Bohnsack, Ralf; Marotzki, Winfried; Meuser, Michael (Hrsg.): Hauptbegriffe Qualitative Sozialforschung. Opladen: Leske und Budrich, S. 55-56.

Lüders, Christian; Haubrich, Karin (2003): Qualitative Evaluationsforschung. In: Schweppe, Cornelia (Hrsg.): Qualitative Forschung in der Sozialpädagogik. Opladen: Leske und Budrich, S. 305-330.

Mertens, Dieter (1974): Schlüsselqualifikationen: Thesen zur Schulung für eine moderne Gesellschaft. In: Mitteilungen aus der Arbeitsmarkt- und Berufsforschung 7, Heft 1, S. 36-43.

4. Externe Begutachtung

Alle vier bis sechs Jahre sollte eine externe Evaluation durchgeführt werden. Sie rundet die interne Evaluation ab und stellt eine Außensicht auf den Fachbereich bzw. das Institut dar. Dabei ist an eine ca. zweitägige Begehung des Fachbereichs während der Vorlesungszeit durch renommierte externe Fachkollegen und Fachkolleginnen, die sogenannten *Peers*, gedacht. Um den Informationsfluss zu gewährleisten und Verantwortlichkeiten zu klären, sollte auch die Hochschulleitung an der externen Evaluation beteiligt werden.

Es empfiehlt sich für alle beteiligten Seiten, die Visitation von vornherein nicht als Inspektionsveranstaltung „furchterregender Scharfrichter" (Füller 2004: 12) zu begreifen, sondern sie als einen durchaus informellen, kollegialen Fachaustausch der Lehreinheit mit sachkundigen Gästen zu verstehen. Die Peers kommen aus anderen Hochschulen und aus der beruflichen Praxis. Oft unterhalten die Service- oder Geschäftsstellen für Evaluation auf Länder- oder Verbundebene einen Pool von Expertinnen und Experten, die regelmäßig geschult und angefragt werden können. Nach durchgeführter Begehung fertigen die Peers einen sogenannten Sachverständigenbericht mit Empfehlungen zur Qualitätsverbesserung an.

Nach der Durchführung eines ersten, relativ umfassenden Verfahrens können sich weitere externe Evaluationen auf speziellere Bereiche beschränken, die aus Sicht der Hochschule oder der Lehreinheit einer externen Überprüfung bedürfen und sich sinnvoller Weise am internen Evaluationsbericht orientieren.

Die externen Gutachterinnen und Gutachter sollten vor allem die folgenden Sachverhalte beurteilen:

- fachliche Standards des Studiums
- Profil des Studiengangs und zukünftige Entwicklung (insbesondere Aktualität und Relevanz)
- Lehr- und Lernziele der Lehreinheit
- Praxisbezug der Ausbildung
- Studierbarkeit im Grund- und Hauptstudium
- Struktur und Organisation von Prüfungen
- Organisationsstrukturen in der Lehreinheit
- interne Verfahren der Qualitätssicherung

Die externe Evaluation erhöht durch Einbeziehung anerkannter WissenschaftlerInnen und Praktiker von außen die Akzeptanz des Evaluationsverfahrens. Durch eine fundiert vorgetragene „Außensicht" zur Qualität von Lehre und Studium wird der Diskussionsprozess innerhalb des Fachbereichs aktualisiert, ggf. verbreitert, aber auch intensiviert. Dadurch können die Motivation für die Lehre gesteigert, Anerkennung ausgedrückt und Innovationen gefördert werden. Entscheidend für den Erfolg der externen Evaluation ist die Auswahl der Peers. Diese sollten im Hinblick auf die fachlichen Inhalte des Studiengangs aufgrund ihrer beruflichen Position und Erfolge, der Vertrautheit mit dem zu evaluierenden Studiengang sowie mit dem Hochschultyp und einer *konstruktiv* kritischen professionellen Haltung zur Evaluation über breite Anerkennung verfügen. Bei der Auswahl der Peers sollten die Lehreinheiten Vorschläge machen. Die Auswahl erfolgt in einem gemeinsamen Verfahren von Lehreinheit und Hochschulleitung; die Bestellung erfolgt durch die Hochschulleitung.

Ablauf einer externer Evaluation

Um im Anschluss an eine interne Evaluation eine externe Evaluation (vgl. Abb 12) durchzuführen, ist zunächst eine Evaluationsagentur oder Geschäftsstelle für Evaluation zu beauftragen. Hier werden im Einvernehmen mit der Lehreinheit die Gutachterinnen und Gutachter ausgewählt. Zur Vorbereitung der Begehung erhalten die Peers den Evaluationsbericht sowie sonstige für Studium und Lehre vorliegende Materialien der Lehreinheit bzw. des Instituts wie Studien- und Prüfungsordnungen, Vorlesungsverzeichnisse, Informationsbroschüren etc. .

In einem Vorbereitungstreffen einigen sich die Peers auf Grundlage der ihnen vorliegenden Dokumente des Fachbereichs bzw. Instituts auf das Vorgehen, die Schwerpunkte und Gesprächsthemen bei der Begehung. Der Plan der Begehung wird mit der Lehreinheit abgestimmt. Während der ca. zweitägigen Begehung werden Gespräche mit allen Beteiligten angestrebt (Hochschulleitung, Fachbereichs- bzw. Departmentsleitung, Kommissionen, Lehrkörper, wissenschaftliche und nichtwissenschaftliche Mitarbeiterinnen und Mitarbeiter, Studierende). Laufende Lehrveranstaltungen werden nicht besucht. Zum Ende der Begehung formulieren die Gutachterinnen und Gutachter ihre ersten Eindrücke und stellen diese dem Fachbereich bzw. Institut kurz vor.

Nach der Begehung erfolgt möglichst zeitnah die Erstellung eines Gutachtens, das Empfehlungen zu Weiterentwicklung der Qualität von Studium und Lehre sowie die Stellungnahme der Lehreinheit enthält. Auf Basis dieses externen

4. Externe Begutachtung

Evaluationsberichtes oder Sachverständigenberichtes kann innerhalb der Hochschule die Lehreinheit mit der Hochschulleitung in (weitere) Zielvereinbarungsgespräche einsteigen. Wichtig ist hier die Prozessbeobachtung und Prozessbegleitung, um die Umsetzung die vereinbarten Maßnahmen zu steuern. Nach Ablauf einer gemeinsam vereinbarten Zeitspanne kann die Umsetzung der vereinbarten Maßnahmen überprüft und eine neue Vereinbarung getroffen werden. In der Lehreinheit sollte eine Klärung über eine zweite Evaluationsrunde herbeigeführt werden.

4. Externe Begutachtung

Ablaufmodell einer externen Evaluation

Ablauf	Inhalt eines externen Evaluationsberichtes
1. Beauftragung einer Evaluationsgeschäftsstelle oder Evaluationsagentur zur Beurteilung des Fachbereichs/Instituts	1. Allgemeines zum Fachbereich/ Institut
2. Bennennung der Gutachter/innen	2. Profil und Rahmenbedingungen
3. Vorbereitungstreffen der Gutachtern/innen	3. Organisationsstrukturen im Fachbereich/ Institut
4. Analyse des internen Evaluationsberichtes (Ziele, Zielerreichung, Weiterentwicklung von Studium und Lehre)	4. Studierende
	5. Lehre und Studium
	5.1 Bildungs- und Ausbildungsziele
5. Gemeinsame Klärung der Planung und Zielsetzung der Begehung mit dem Fachbereich/Institut	5.2 Studienprogramme und Lehrorganisation
	5.3 Praxisbezug der Ausbildung
6. Begehung: 1-2 Tage: Gruppen- und Einzelgespräche mit verschiedenen Gruppen, Rundgang, Formulierung einer ersten Beurteilung, Eindrücke	5.4 Studierbarkeit im Haupt- und Grundstudium
	5.5 Struktur und Organisation von Prüfungen
7. Erstellung Gutachten mit Empfehlungen und Stellungnahme des Fachbereichs/Instituts	6. Ausbildungserfolg/ Absolventenverbleib
	7. Interne Verfahren der Qualitätssicherung
8. Zielvereinbarung Rektorat-Fachbereich/Institut	
9. Prozessbegleitung bei der Umsetzung vereinbarter Maßnahmen	8. Empfehlung von Maßnahmen
10. Klärung des Follow-up (zweite Evaluationsrunde)	9. Stellungnahme des Fachbereichs/ Instituts

Abb. 12: Ablaufmodell einer externen Evaluation

4. Externe Begutachtung

4.1 Exkurs: Anerkennung von Studienabschlüssen durch Akkreditierung

Die Akkreditierung stellt eine Form externer Begutachtung dar, bei der Studiengänge *vor ihrer* Genehmigung unter qualitativen und Bedarfsgesichtspunkten beurteilt werden. Die Akkreditierung ist eine *ergänzende* Qualitätssicherungsmaßnahme in Hochschulen und *keine* Evaluation. Bei der Akkreditierung werden die formale und inhaltliche Beurteilung eines Studienprogramms getrennt. Entscheidend ist, dass die Akkreditierung die Einhaltung von Mindeststandards sicher soll (vgl. TÜV), also im Prinzip keine Rangbewertung verschiedener Lehreinheiten erlaubt, während die Evaluation unterschiedliche Bewertungen im Zuge einer systematischen Selbstreflexion zum Ergebnis haben kann. Akkreditierung ersetzt die vormals von den Länderministerien oder Behörden starr vorgegebenen Genehmigungs- und Bewilligungsverfahren von Studiengängen und stellt eine Abkehr vom früheren System der detaillierten Rahmenordnungen dar.

In jüngster Zeit wird aus den unterschiedlichsten Gründen (seien es die erheblichen finanziellen Kosten und der große Aufwand, seien es erste Überforderungs- und Ermüdungserscheinungen oder verständliche Ernüchterung darüber, dass renommierte Lehreinheiten trotz positiver Evaluation aufgegeben werden) vermehrt nach einer sinnvollen Verknüpfung der Verfahren der Evaluation und der Akkreditierung verlangt.

Die Kultusministerkonferenz und die Hochschulrektorenkonferenz haben inzwischen beschlossen, dass bei den Akkreditierungsverfahren auf aktuelle Evaluationsergebnisse zurückgegriffen werden soll. Dies kann aber in methodischer wie hochschulpolitischer Sicht problematisch sein, geht es doch um die Bewertung *vorhandener* Angebote durch Evaluation gegenüber der Bewilligung von *künftig* einzuführenden Studienangeboten durch Akkreditierung. Mittag et al. (2003: 147 ff.) empfehlen zudem, Akkreditierung mit den an der Hochschule vorhandenen Qualitätssicherungssystemen sinnvoll zu verzahnen und klare Umsetzungsphasen zu vereinbaren. Die *ZEVA* schlägt inzwischen eine modulare Verbindung vor.

Somit bleiben in der Praxis viele Detailfragen zu klären. Beide Verfahren stellen zwar Möglichkeiten der nach innen oder nach außen gerichteten Qualitätssicherung und Rechenschaftslegung in einem zweistufigen Verfahren aus interner Überprüfung und externer Begutachtung dar. Sie gehen aber von unterschiedlichen Qualitätskonzepten (Qualitätssicherung vs. Qualitätsentwicklung), unterschiedlichen Untersuchungsgegenständen (formale Aspekte eines Studienprogramms vs. Prozesse, Wirkungsverhältnisse, komplexe Abläufe im Studien- und

Lehrbetrieb) und Effekten (Beurteilung zur Einführung künftiger Studiengänge vs. Überprüfung bestehender Angebote zur Initiierung von Verbesserungsprozessen) aus. Schiene bilanziert zu dieser Frage kritisch:

„Über die tatsächlichen Effekte von Qualitätssicherungsmaßnahmen, wie sie im Hochschulbereich vorangetrieben werden, ist empirisch noch zu wenig bekannt, als dass man sich zum jetzigen Zeitpunkt auf eine singuläre Strategie festlegen sollte" (Schiene 2004: 92).

Es bleibt dabei abzuwarten, welche intendierten und nicht-intendierten Effekte sich durch Evaluationsverfahren in der Praxis einstellen, und ob das Ziel, Qualität zu verbessern, wirklich mit diesen Verfahren erreicht werden kann. Offen bleibt zudem, ob sich die erreichte Akzeptanz und Mitwirkungsbereitschaft der Beteiligen und Betroffenen halten lassen wird.

Im tabellarischen Vergleich wird deutlich, dass Evaluation und Akkreditierung neben Benchmarking, Lehrveranstaltungsbewertung, Lehrbericht und Zielvereinbarung als zwei verschiedenartige Instrumente nicht nur unterschiedliche Stoßrichtungen und Inhalte verfolgen. Sie unterliegen vielmehr auch unterschiedlichen Paradigmen.

Instrument	Planung/Strategie	Steuerung	Verbesserung	Bewertung	Standardsicherung	Rechenschaftslegung
Stud. Lehrveranstaltungsbewertung			x	x	x	x
Lehrberichte/Studienreformberichte			x	x	x	x
Interne/externe Evaluation		x	x	x		x
Benchmarking			x	x	x	
Akkreditierung	x	x		x	x	
Zielvereinbarungen	x	x	x			

4. Externe Begutachtung

Inzwischen wird bei Akkreditierungen gleichwohl darauf geachtet, dass Lehreinheiten oder Studiengänge kontinuierlich Evaluation von Studium und Lehre betreiben. Einzelne Lehrveranstaltungen interessieren dabei jedoch nicht. Einen umfassenden Blick auf die Folgen der in der Hochschulpraxis erprobten Evaluationen bietet Sandra Mittags Untersuchung mehrstufiger Evaluationsverfahren im Nordverbund und der ZEVA (Mittag 2006). Nähere Auskünfte zur Akkreditierung und den jeweiligen Fachagenturen sind dem Internet (vgl. Linkliste) zu entnehmen.

Ablaufmodell einer Akkreditierung

Ablaufmodell einer Akkreditierung	Themen der Akkreditierung
1. Beantragung der Akkreditierung zur Prüfung fachlich-inhaltlicher Mindeststandards 2. Benennung der Gutachter/innen 3. Vorbesprechung der Gutachter/innen 4. Analyse des Selbstreports 5. Auftaktgespräch mit Dekanat/ Rektorat 6. Gespräche mit Programmverantwortlichen: Ausbildungsziele, Curriculum, Lehrmethoden, Betreuung, Prüfungsorganisation etc. 7. Gespräche mit Lehrenden aus dem Programm und mit Studierenden/Fachschaft 8. Führung 9. Abschlussgespräch mit Programmverantwortlichen/Dekanat 10. Votum 11. Erstellung des Gutachterberichtes 12. Beschlussfassung über Akkreditierung durch ständige Akkreditierungskommission 13. Akkreditierung mit Auflagen/ Empfehlungen oder Ablehnung	1. Institution 1.1 Fachbereich: Ausstattung, Lehrende, Studierende,... 2. Studienprogramm: 2.1 Strukturvorgaben-Erfüllung 2.2 Begründung und Ausbildungsziele 2.3 Curriculum 2.4 Kooperationen 2.5 Personal 2.6 Qualitätssicherung

Abb. 13: Ablaufmodell einer Akkreditierung

Vertiefende Literatur zu Kapitel 4:

Füller, Christian (2004): Die Evaluatoren kommen! In: DUZ (Deutsche Universitätszeitung), Heft 3. S. 11-13.

Mittag, Sandra (2006): Qualitätssicherung an Hochschulen. Eine Untersuchung zu den Folgen der Evaluation von Studium und Lehre. Münster: Waxmann.

Kardorf, Ernst von (2000): Qualitative Evaluationsforschung. In: Flick, Uwe; Kardorff, Ernst von; Steinke, Ines (Hrsg.): Qualitative Forschung. Ein Handbuch. Reinbeck: Rowohlt,. S. 242-265.

Künzel, Ellen; Nickel, Sigrun; Zechlin, Lothar (1999): Organisationsentwicklung an Hochschulen. Was geschieht mit den Evaluationsergebnissen? In: *„Viel Lärm um nichts?" Evaluation von Studium und Lehre und ihre Folgen. Beiträge zur Hochschulpolitik* 4, hg. von der Hochschulrektorenkonferenz, S. 105-120.

Mittag, Sandra; Bornmann, Lutz; Daniel, Hans Dieter (2003): Evaluation von Studium und Lehre an Hochschulen. Handbuch zur Durchführung mehrstufiger Evaluationsverfahren. Münster: Waxmann.

Mittag, Sandra (2006): Qualitätssicherung an Hochschulen. Eine Untersuchung zu den Folgen der Evaluation von Studium und Lehre. Münster: Waxmann.

Müller-Böling, Detlef (2006): Hochschule und Profil – zwischen Humboldt und Markt? In: Hochschulrektorenkonferenz (Hrsg.): Von der Qualitätssicherung in der Lehre zur Qualität als Prinzip der Hochschulsteuerung. Reihe Beiträge zur Hochschulpolitik, Bd. 1/20006. Bonn, S. 15-24.

Schiene, Christof (2004): Forschungsevaluation als Element der Qualitätssicherung an Hochschulen. In: Zeitschrift für Evaluation, Heft 1/2004, S. 81-94.

5. Verfahren zur Datenerhebung

Ein Evaluationsbericht enthält Angaben über die eingesetzten Verfahren der Datenerhebung, die gezielt ausgewählt werden sollten. Die Wahl eines bestimmten Evaluationsdesigns und eines bestimmten Instrumentes der Sozialforschung hat dabei Auswirkungen auf den Verlauf und die Ergebnisse der Evaluation.

Der Anspruch, soziale Phänomene zu erklären, Theorien zu überprüfen und Gesetzmäßigkeiten des Sozialen aus einer Distanz zum Untersuchungsfeld heraus deduktiv abzuleiten, kennzeichnet die quantitative Sozialforschung. Qualitative Sozialforschung macht sich vor allem am Anspruch fest, sich soziale Phänomene verstehend, interpretierend und theoriebildend zu erschließen und sich dabei den Sinnsystemen der Untersuchten flexibel und offen anzunähern. Lamneks (1995: 244) Übersichtstabelle (vgl. Abb. 14) stellt zur einfacheren Verständlichkeit die unterschiedlichen Verfahren der Sozialforschung zwar noch einander gegenüber; inzwischen sind in der Evaluationspraxis jedoch sinnvolle Verknüpfungen quantitativer und qualitativer Verfahren denkbar (Multimethodenansatz, vgl. Mayring 2001).

Abb. 14: Quantitative und Qualitative Verfahren im Überblick
(vgl. Lamnek 1995: 244)

5. Verfahren zur Datenerhebung

5.1 Geschlossene und offene Erhebungsverfahren

Daten aus standardisierten Befragungen wie auch aus qualitativen Erhebungen erschließen unterschiedliche Facetten des zu untersuchenden Gegenstandes. Sie runden damit eine Evaluation umfassend ab und kommen den unterschiedlichen Bedingungen des Untersuchungsfeldes entgegen. Kleine Gruppen sind eher für leitfadengestützte Diskussionen denn für standardisierte Umfragen geeignet. Massenveranstaltungen sind leichter mit einem standardisierten Fragebogen zu analysieren als mit einem ausführlichen Gespräch. Um das Untersuchungsdesign einer Evaluation festzulegen und eine Evaluation effektiv durchzuführen, liefern die Standards für Evaluation und die Methoden der Sozialforschung (vgl. Kromrey 2006; Lamnek 2005) wichtige Hinweise. Mit ihrer Fall- und Gruppenorientierung im Gegensatz zur Variablen- und Mittelwertorientierung quantitativer Verfahren erlauben es qualitative Methoden, die Perspektive der Untersuchten zu erfassen, indem ihre individuellen Schilderungen sichtbar werden (vgl. Kuckartz et al. 2007: 12 f., 71).

5.2 Gruppendiskussionen

Gruppendiskussionen zeichnen sich durch eine besondere Multiperspektivität aus, die zu reflektieren ist, wenn das erhobene Material ausgewertet wird. Latente Meinungen und Deutungsmuster des Individuums kommen in Diskussionen erst durch Gruppenprozesse zum Ausdruck, indem die Teilnehmenden sich wechselseitig aufeinander beziehen. Im Zentrum der Analyse steht die Rekonstruktion, wie um Bedeutung gerungen und Ergebnisse ausgehandelt werden. Um eine zuverlässige Methode zu entwickeln, die eine vermeintliche Strukturlosigkeit des Gesagten vermeidet, ist der Diskurs nach bestimmten Kriterien (vgl. 5.4) zu analysieren (ausführlich dazu: Bohnsack 2000). Die im Materialien Kapitel aufgeführten Leitfäden für Gruppendiskussionen zeigen beispielhaft Themen und Strukturen für Gruppendiskussionen im Rahmen der Lehrevaluation auf.

5.3 Leitfadengestützte Interviews

Das qualitative Interview liefert Zusatzinformationen, die über das Beobachten oder Befragen mit Fragebögen, über Mittelwertberechnungen und (ggf. falsche) Generalisierungen hinausgehen. Ziel qualitativer Befragungen ist es ebenfalls, zu erreichen, dass alltägliche Handlungskontexte aktualisiert werden. Die offensichtliche Hürde besteht bei dieser Methode darin, dass bei der Befragung starr an einem Fragenkatalog festgehalten und der Relevanzrahmen der Befragten vernachlässigt wird oder aber die kritische Distanz gegenüber den Befragten aufgegeben wird.

Um Sachverhalte und Bezugssysteme der Betroffenen zu ermitteln, bietet sich daher das nicht-standardisierte Interview an, bei dem auf ein enges Fragenschema verzichtet, gleichwohl jedoch ein Leitfaden verwendet wird. Es erlaubt somit den Befragten, sich spontan, selbst gesteuert zu äußern und beansprucht ca. 60 bis 90 Minuten Zeit sowie Flexibilität. Das meint aber nicht, dass diese Befragungsform unsystematisch oder ungeordnet ist; hier sind eher Bedeutungen und Sinn standardisiert und die Befragung wird so angelegt, dass in jeder Phase des Gesprächs wichtige Aspekte aus verschiedenen Perspektiven vertieft und erkundet werden können.

5.4 Interpretation und Auswertung der Daten

Die Interpretation des in der Evaluation zusammengetragenen recht umfangreichen Materials richtet sich nach den Gütekriterien der Sozialforschung und erfolgt in mehreren Bearbeitungsschritten, die hier nicht im Einzelnen ausgeführt werden sollen. In einem mehrstufigen Verfahren werden Auswahlkriterien für die Einzel- oder Gruppengespräche entwickelt und eine Analyse der Vergleichsgruppen im Hinblick auf ihre maximalen und minimalen Kontraste durchgeführt. Nachdem ein Überblick über die Gespräche erstellt worden ist, erfolgt die Anfertigung eines Protokolls über den thematischen Verlauf sowie die Transkription der Gespräche. Anhand bestimmter Kriterien erfolgt die Auswahl prägnanter, wichtiger Passagen. Das quantitative Datenmaterial wird nach den Gütekriterien der Validität und Reliabilität bewertet. Mithilfe spezieller Computerprogramme (z.B. SPSS, Excel) können univariate Häufigkeitsverteilungen, multivariate Analysen, Mittelwert- und Medianberechnungen, Korrelationsanalysen sowie Rangreihenvergleiche auch in Verbindung mit qualitativer Auswertungssoftware (z.B. MAXQDA) durchgeführt werden.

5. Verfahren zur Datenerhebung

Gütekriterien
- transparent
- intersubjektiv nachprüfbar
- nachvollziehbar
- verallgemeinerbar
- kontextbezogen
- methodisch stringent
- systematisch, regelgeleitet
- Gegenstands angemessene Methodenauswahl
- Hypothesen generierend, explorativ
- offene, teilstrukturierte Erhebungen
- interpretativ
- hermeneutisch
- flexibel im Erhebungsprozess
- tief gehende, latente Strukturen erfassen

Vertiefende Literatur zu Kapitel 5:

Bohnsack, Ralf (2000): Rekonstruktive Sozialforschung: Einführung in Methodologie und Praxis qualitativer Forschung, 4. Aufl.. Opladen: Leske und Budrich.

Kromrey, Helmut (2006): Empirische Sozialforschung. Modelle und Methoden der standardisierten Datenerhebung und Datenauswertung, 11. Aufl.. Stuttgart: UTB/ Lucius und Lucius.

Kuckartz, Udo; Dresing, Thorsten; Rädker, Stefan; Stefer, Claus (2007): Qualitative Evaluation. Der Einstieg in die Praxis. Wiesbaden: VS Verlag.

Lamnek, Siegfried (1995): Qualitative Sozialforschung, Bd. 1: Methodologie. Weinheim: Beltz.

Mayring, Philipp (2001): Kombination und Integration qualitativer und quantitativer Analyse. In: Forum Qualitative Sozialforschung (Online-Journal), 2(1). Verfügbar über http://www.qualitative-research.net/ fqs-texte/-01/1-01mayring-d.htm.

Rindermann, Heiner (2001): Lehrevaluation. Einführung und Überblick zur Forschung und Praxis der Lehrveranstaltungsevaluation an Hochschulen. Mit einem Beitrag zur Evaluation computerbasierten Unterrichts. Landau: Verlag Empirische Pädagogik.

Rindermann, Heiner (2003): Methodik und Anwendung der Lehrveranstaltungsevaluation für die Qualitätsentwicklung an Hochschulen. In: Sozialwissenschaften und Berufspraxis, 26 (4), S. 401-413.

6. Materialien

Sowohl bei der externen Evaluation als auch bei der Akkreditierung erwarten die beteiligten Instanzen – Peers bzw. Evaluations- und Akkreditierungsagenturen – im Voraus die Vorlage von Informationsmaterial über die zu begutachtende Lehreinheit, das oft in Form eines *Evaluationsberichtes* oder *Internen Selbstreports* zusammengetragen wird. In der Regel wird auf möglichst differenzierte Daten – z.B. nach Geschlecht, Nationalität und Bildungsabschluss der Studierenden – Wert gelegt. Die folgende Übersicht zeigt, wo die Fachbereiche bzw. Institute entsprechende Auskünfte einholen können, bevor in den weiteren Unterkapiteln verschiedene Feedback-Verfahren für Lehrveranstaltungen dargestellt werden.

Datenform	Ansprechpartner
Studien- und Qualifikationsprofil	Dekanat
Ausbildungsziele und Darstellung des Studienprogramms	Dekanat
Personalsituation und Personalplanung	Dekanat, Personaldezernat
Darstellung vorhandener Ressourcen und Ressourcenplanung (Personal, räumliche Situation, Ausstattung)	Dekanat, Personaldezernat, Baudezernat
Kapazitäts- und Auslastungssituation Schwundquoten	Dezernat Hochschulentwicklungsplanung
Studierendendaten: Bewerberzahlen, Studienplätze, Anfängerzahlen, Prüfungserfolg, Studiendauer, Absolventenzahlen	Dezernat Hochschulentwicklungsplanung
Lehr- und Prüfungsorganisation	Dekanat
Beratung und Betreuung Studierender	Dekanat, Dezernat Hochschulentwicklungsplanung, Studierendensekretariat, Auslandsamt
Bewertungen zu Studienverlauf, Lehrveranstaltungen	Evaluationsbeauftragte/r Dekanat
Berufsintegration und Berufsverbleib der Absolventinnen und Absolventen	Evaluationsbeauftragte/r Dekanat
Bewertungen der Absolventinnen und Absolventen zur Studienqualität	Evaluationsbeauftragte/r Dekanat

Kontaktpflege zu Absolventinnen und Absolventen und zum Arbeitsmarkt	Dekanat
Maßnahmen zur Qualitätsverbesserung in Studium und Lehre: Umsetzung und Resultate bisheriger Maßnahmen; geplante weitere Maßnahmen	Evaluationsbeauftragte/r Dekanat Ggf. Hochschulleitung

6.1 Offene und standardisierte Feed-Back-Verfahren

Diverse Feed-Back-Verfahren können eingesetzt werden, um eine systematische Seminarauswertung in kleinen Gruppen mit bis zu ca. zwanzig Studierenden durchzuführen. Je nach Seminarbeschaffenheit können standardisierte (Fragebogen), teilstandardisierte und offene Rückmeldeverfahren (Koordinatenkreuze, Erwartungsabfrage, Feed-Back über Lernerfolge, Messung der Erfolgspanne) angewendet werden. Grundregel aller Verfahren ist, dass die Beurteilungen der Studierenden von der/m Lehrenden nicht bewertet oder kommentiert werden. Den Studierenden sollen die Ergebnisse der Bewertung mitgeteilt werden. Es können Rückfragen an die Studierenden gestellt und Erläuterungen eingeholt werden, um die gewünschte offene und konstruktive Diskussion der Ergebnisse zu ermöglichen. Eine zügige Rückmeldung kann über das folgende Koordinatenkreuz als Tafelanschrieb, Wandzeitung o.ä. organisiert werden.

6. Materialien

6.1.1 Koordinatenkreuz

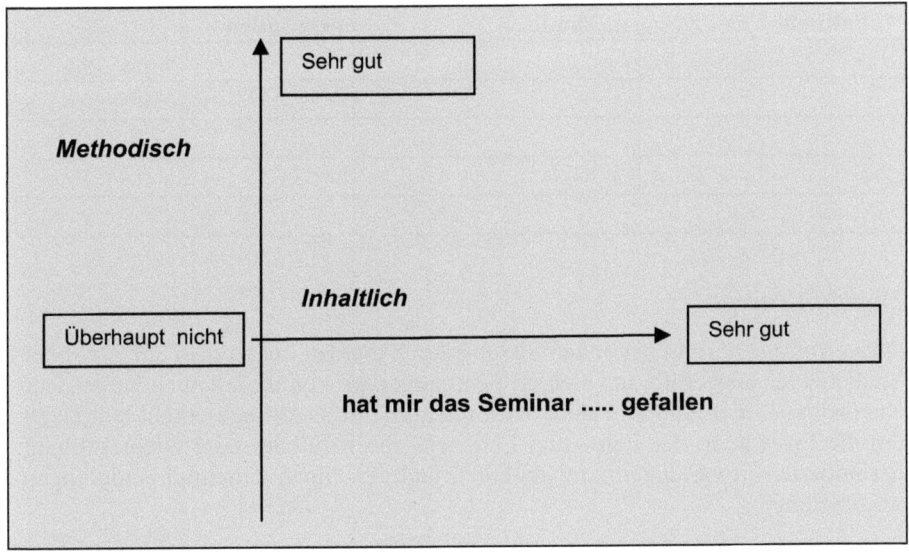

Durchführung

Die Studierenden erhalten dabei Folienschreiber bzw. einen Klebepunkt und markieren innerhalb von 5 Minuten spontan an einer bestimmten Stelle im Koordinatenkreuz ihre Einschätzung unter Abwesenheit der/s Lehrenden, um Effekte der sozialen Erwünschtheit während der Beantwortung zu vermeiden. Anschließend kann mit der/m Lehrenden zügig die gemeinsame konstruktive Besprechung der Ergebnisse erfolgen.

6.1.2 Erwartungsabfrage

Vorbereitung

Für die Durchführung der Erwartungsabfrage zu Veranstaltungsbeginn wird eine Overheadfolie oder eine Wandzeitung benötigt, auf der die abgebildete Tabelle verwendet wird.

Vom Seminar erwarte ich.....

Inhaltlich	methodisch	persönlich

Durchführung

Diese Abfrage wird in der ersten Sitzung durch die/den Lehrende/n auf Zuruf der Studierenden ausgefüllt, um sich im Seminarverlauf von ihr leiten zu lassen. Zur Kurshalbzeit oder zum Kursende wird die ausgefüllte Abfrage erneut aufgelegt, um die Erreichung der Lehr- und Lernziele, die Erfüllung oder Nichterfüllung der notierten Erwartungen zu diskutieren und ggf. (noch laufende) Änderungen vorzunehmen.

6.1.3 Feed-Back über Lernerfolge

Bei dieser Befragungsvariante stehen inhaltliche Lernerfolge im Zentrum. Sie werden in der letzten Kurssitzung durch die Studierenden mittels Kartenabfrage (pro Student/in und Frage 1 Karte) und unter Abwesenheit der/s Lehrenden ausgefüllt. Die Karten werden entsprechend an eine vorbereitete Wandzeitung geheftet, um die Erreichung bestimmter Lehr- und Lernziele und die studentischen Lernerfolge zu dokumentieren und zu diskutieren.

Bereits bekannt war mir im Seminar	Neu war für mich im Seminar	Als wichtigste Erkenntnis nehme ich mit

6.1.4 Messung der Erfolgsspanne

Dieses von Susanne Giel (1999) entwickelte standardisierte Erhebungsinstrument ist schnell einzusetzen, diskursiv und zielorientiert angelegt und stellt somit eine Alternative zum aufwendigen Ausfüllen eines Fragebogens dar. Es geht darum, dass der/die Lehrende unmittelbar seine Zielerreichung im Seminar reflektieren und überprüfen kann. Die in Aussagesätzen formulierten Indikatoren bzw. Items sind als Vorschläge zu verstehen und können je nach Relevanzrahmen ausgetauscht werden (vgl. Itempool). Aussage 1 und 2 sind erst einsetzbar, wenn sie zu Beginn des Seminars abgefragt wurden.

Interessant ist bei diesem Verfahren, dass der/die Lehrende ebenfalls seine Einschätzung abgeben und eigene Erwartungen und Ziele aufdecken kann, um eine Diskussion anzustoßen.

Teilnehmer/innen-einschätzungen	Trifft voll zu	Trifft überwiegend zu	Trifft kaum zu	Trifft nicht zu
Meine Erwartungen wurden erfüllt				
Meine Befürchtungen sind eingetreten				
Mir hat die Veranstaltung Spaß gemacht				
Ich nehme Anregungen für die Praxis mit				
Ich habe viel dazu gelernt				
Ich habe mich gelangweilt				

Was geklärt, bereitgestellt und beachtet werden sollte ...

Teilnehmer/innen/-einschätzung	Trifft voll zu	Trifft überwiegend zu	Trifft kaum zu	Trifft nicht zu
Meine Erwartungen wurden erfüllt				
Meine Befürchtungen sind eingetreten				
Mir hat die Veranstaltung Spaß gemacht				
Ich nehme Anregungen für die Praxis mit				
Ich habe viel dazu gelernt				
Ich habe mich gelangweilt				

Vorbereitung:
Sie sollten sich vor der Auswertung folgende Fragen beantworten:
Welche Lernziele verfolge ich?
Was soll abgefragt werden?
Welche Erwartungshaltung habe ich als Dozent/in an die Lehre und die Studierenden?
Sie benötigen eine vorbereitete Wandzeitung, Klebepunkte oder Overheadfolien und Folienschreiber.

Durchführung:
Diese Abfrage kann als Zwischenevaluation zur Halbzeit der Lehrveranstaltung eingesetzt werden (formativ), um unmittelbar Veränderungen vorzunehmen oder aber auch zum Vorlesungsende angewendet werden (summativ). Verlassen Sie zur Verminderung ungünstiger gruppendynamischer Effekte den Raum, während die Studierenden ihre Bewertung abgeben.

Die Studierenden tragen ihre Meinungen per Punktabgabe ein.				
Teilnehmer/innen/-einschätzung	Trifft voll zu	Trifft überwiegend zu	Trifft kaum zu	Trifft nicht zu
Meine Erwartungen wurden erfüllt	•• ••••	••••••	••••• ••	•
Meine Befürchtungen sind eingetreten	•	••• ••••	•••• ••	•••• •
Mir hat die Veranstaltung Spaß gemacht	•••••••	•••••• ••	•••••	
Ich nehme Anregungen für die Praxis mit	•••••• •	•••••• •••	••••	
Ich habe viel dazu gelernt	••••••	•••••• •••	••••	
Ich habe mich gelangweilt	•	•	•••	•••••• •••• •••

6. Materialien

Der/die Lehrende kreist die Meinungsverteilung ein.				
Teilnehmer/innen/-einschätzung	Trifft voll zu	Trifft überwiegend zu	Trifft kaum zu	Trifft nicht zu
Meine Erwartungen wurden erfüllt	•• ••••	••••••	••••• ••	•
Meine Befürchtungen sind eingetreten	•	••• ••••	•••• ••	•••• •
Mir hat die Veranstaltung Spaß gemacht	•••••••	•••••• ••	•••••	
Ich nehme Anregungen für die Praxis mit	•••••• •	•••••• ••• •	•••	
Ich habe viel dazu gelernt	••••••	•••••• •••	••••	
Ich habe mich gelangweilt	•	•	••• •••• •••	•••••• •••• •••

Hier trägt der/die Lehrende nun seine Erwartung in Prozent ausgedrückt ein.				
Teilnehmer/innen/-einschätzung	Trifft voll zu	Trifft überwiegend zu	Trifft kaum zu	Trifft nicht zu
Meine Erwartungen wurden erfüllt	•• ••••	•••••• 80-100%	••••• ••	•
Meine Befürchtungen sind eingetreten	•	••• ••••	•••• ••	•••• 80-100%
Mir hat die Veranstaltung Spaß gemacht	•••••••	•••••• •• 90-100%	•••••	
Ich nehme Anregungen für die Praxis mit	•••••• • 90-100%	•••••• ••• •	•••	
Ich habe viel dazu gelernt	••••••	•••••• 80-100% •••	••••	
Ich habe mich gelangweilt	•	•	••• •••• •••	•••••• 80-100% •••• •••

Konkret zeigt sich an diesem abgebildeten Beispiel, dass der/die Lehrende erwartet hatte, dass 80 – 100 % der Studierenden ihre Erwartungen erfüllt sehen würden. Über etwaige Erwartungsdissonanzen kann ein Kontrapunkt in die Diskussion eingebracht werden. Gleiches gilt für die zweite Frage zu den eingetretenen Befürchtungen etc.

6.2 Lehrveranstaltungsbewertung mit dem Programm *Evaprof*

Neben der qualitativen oder teilstandardisierten Evaluation in kleineren Lehrveranstaltungen bieten sich Fragebögen für große Seminare, Kurse oder Vorlesungen an. Dabei bestehen sowohl Möglichkeiten, die Studierenden mit *Paper & Pencil*-Befragungen als auch online gestützt um ihr Votum zu bitten. Da allenthalben eine gewisse Befragungsmüdigkeit gegenüber Papierbefragungen festzustellen ist, wird seit einigen Jahren vermehrt an online- und PC-gestützten Alternativen gearbeitet. Im Folgenden kann lediglich eine kleine Auswahl eigens erprobter Programme vorgestellt werden (vgl. weiter dazu: Simonson/ Pötschke 2006).

Das von der Gelsenkirchener „Geschäftsstelle Evaluation an den NRW-Fachhochschulen" entwickelte Auswertungsprogramm *Evaprof* bietet die Möglichkeit, unterschiedlich große Datensätze von Lehrveranstaltungsbewertungen in einem kompakten Eingabe- und Auswertungssystem benutzungsfreundlich auszuwerten und zugleich grafisch aufzubereiten. Neben der entsprechenden Excel-Datentabelle generiert das Programm automatisch die entsprechende Grafik zur jeweiligen Frage, wie folgende Abbildung zeigt. Es erspart damit die zum Teil mühevolle manuelle Dateneingabe und grafische Aufbereitung. Gegenüber der denkbaren Erstellung grafischer Abbildungen und statistischer Datenanalysen mit SPSS stellt dieses Programm somit eine (wenngleich gering veränderbare) Alternative für Lehrende dar, die sowohl auf ein vorgefertigtes Programm zur Lehrveranstaltungsevaluation als auch auf einen methodisch fundierten Fragebogen zurückgreifen wollen (vgl. Beispielfragebogen).

6. Materialien 75

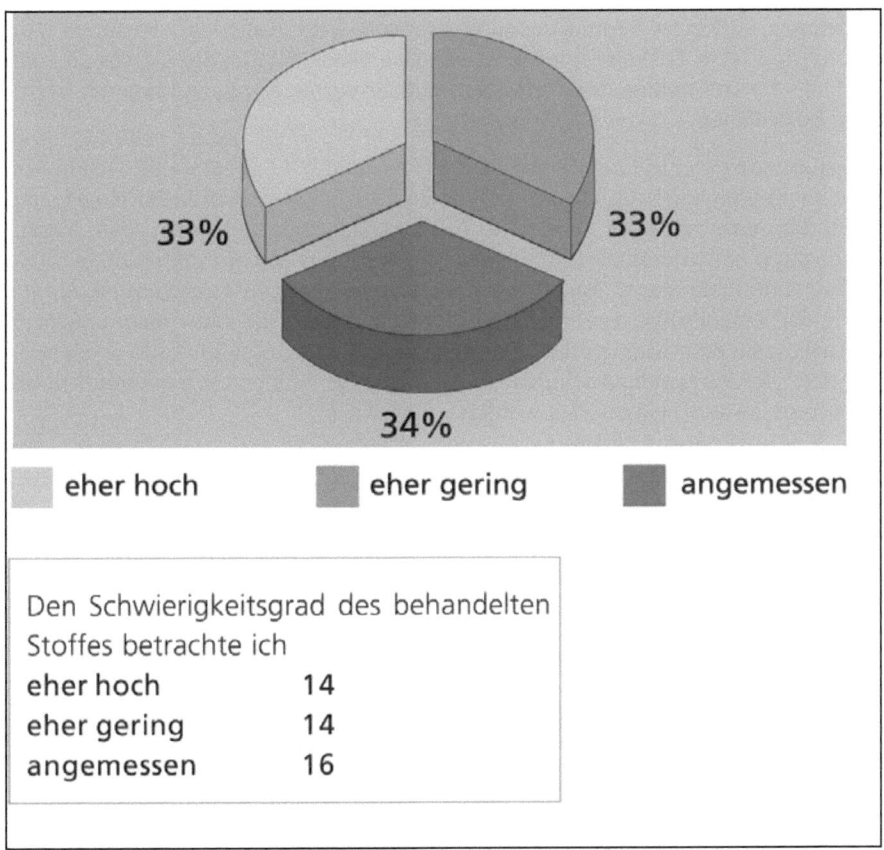

Abb. 15: *Exemplarische Ansicht einer Ergebnisgrafik mit Evaprof*

Befragungen zur Lehrveranstaltungsbewertung mit *Evaprof* können, sofern die Hochschule über dieses Programm verfügt, durch die zunächst frühzeitige Anmeldung eines Rechenvorhabens in der Regel bei der zentralen Datenverarbeitung der Hochschule, Fakultät oder des Departments durchgeführt werden. Sichergestellt werden sollte, dass man für ca. zwanzig Minuten im PC-Pool ungestört arbeiten kann. Auf dem zentralen PC (oder Master-I) wird die Befragung aktiviert. Für die Studierenden werden entsprechend der Anzahl der angelegten Fragebögen Kennnummern generiert, um sich in die aktivierte Befragung einwählen zu können. Wenn z.B. 44 Studierende (wie in obiger Grafik) abgebildet, teilnehmen sollen, werden Kennnummern von 1-44 festgelegt. Benötigt wird zudem eine leere Diskette oder ein USB-Datenspeicher für die Datensicherung am Ende der Befragung, denn auf dem Rechner verbleiben nach Ende der Befragung *keine* Daten.

Der zugrunde gelegte Fragebogen in *Evaprof* enthält 37 Fragen und weicht von dem im Folgenden lediglich zu Anschauungszwecken angeführten Bogen, dadurch ab, dass er eine fünffache Antwortskalierung aufweist, den Veranstaltungstyp ausdifferenziert in Seminar, Vorlesung, Übung, Praktikum, ein Feld für vier optionale Zusatzfragen beinhaltet und in einigen Frageformulierungen sowie der Reihenfolge der Fragen geringfügig variiert. Er kann zudem auch im Internet unter dem Menüpunkt „Empfehlungen" der Geschäftsstelle Evaluation an den NRW-Fachhochschulen (www.fh-gelsenkirchen.de/evaluation-fh-geschaeftsstelle-nrw/) eingesehen werden.

Fragebogen zur Studentischen Lehrveranstaltungskritik[5]

Bitte geben Sie die Zahl Ihrer Fachsemester ein   1-x ☐☐

(1) Die Veranstaltung ist für mich

    1☐ prüfungsrelevant   2☐ nicht prüfungsrelevant

(2) Mein Interesse am Thema war vor Beginn der Veranstaltung

    1☐ groß   2☐ mittel   3☐ gering

(3) Die Lehrveranstaltung habe ich…

    1☐ regelmäßig, ohne Ausnahme besucht

An der Lehrveranstaltung habe ich..

    2☐ 1-2 mal nicht teilgenommen

    3☐ 3-4 mal nicht teilgenommen

    4☐ 5 mal und häufiger nicht teilgenommen

---

5   Vgl. auch Empfehlung zur Evaluation von Lehre und Forschung 1998: Landesrektorenkonferenz der Fachhochschulen des Landes NRW/Geschäftsstelle Evaluation der Fachhochschulen.

6. Materialien

(4) Ich besuchte diese Veranstaltung (Mehrfachnennung möglich)

1☐ aus besonderem Interesse am Thema
2☐ aus Interesse an dem Studienfach
3☐ wegen der Lehrenden
4☐ eigentlich nur, weil die Studienordnung es verlangt
5☐ weil ich einen Leistungsnachweis erwerben will
6☐ zur Vorbereitung auf eine Prüfung
7-x☐ aus anderen Gründen (bitte nennen Sie diese)

Verständlichkeit und Inhalte

	ja	teils/teils	nein
(5) Der/die Lehrende nannte die Lernziele.	1☐	2☐	3☐
(6) ... ließ den roten Faden erkennen.	1☐	2☐	3☐
(7) ... trug den Stoff im richtigen Tempo vor.	1☐	2☐	3☐
(8) ... gab Zusammenfassungen von Sinneinheiten.	1☐	2☐	3☐
(9) ... brachte Beispiele aus der Praxis.	1☐	2☐	3☐
(10) Auch schwierige Probleme wurden gut verständlich dargestellt.	1☐	2☐	3☐
(11) Es wurden Querverbindungen zu anderen Fächern hergestellt.	1☐	2☐	3☐
(12) Äußere Bedingungen haben die Veranstaltung beeinträchtigt.	1☐	2☐	3☐

Wenn ja: welche? (Mehrfachnennung möglich)
1☐ hoher Geräuschpegel   2☐ zu spät kommende, vorzeitig gehende Kommilitonen
3☐ schlechte Sichtverhältnisse   4☐ schlechte klimatische Bedingungen
5-x☐ sonstige Gründe (bitte nennen Sie diese)

Lernerfolg, Fragen

	ja	teils/teils	nein
(13) Ich habe viel im Kurs gelernt.	1☐	2☐	3☐

Ein besonderer „Aha-Effekt" war z.B._____

	ja	teils/teils	nein
(14) Es wurden Anregungen zur selbstständigen Arbeit gegeben.	1☐	2☐	3☐
(15) Der/die Lehrende regte an, Fragen zu stellen.	1☐	2☐	3☐
(16) … ließ Diskussionen zu.	1☐	2☐	3☐
(17) Das Niveau des Kurses war angemessen.	1☐	2☐	3☐

Medieneinsatz

	ja	teils/teils	nein
(18) Das Tafelbild war gut strukturiert.	1☐	2☐	3☐
(19) Struktur und Inhalte der verwandten Overheadfolien waren verständlich konzipiert.	1☐	2☐	3☐
(20) Die Folien wurden so präsentiert, dass genügend Zeit war, deren Inhalt zu erfassen.	1☐	2☐	3☐
(21) Ich nutze die angegebenen Materialien (Literatur, Intranetdokumente).	1☐	2☐	3☐
(22) Die studentischen Referate/ Präsentationen waren überwiegend gut.	1☐	2☐	3☐

6. Materialien

(23) Die Übungen/Gruppenarbeiten
waren überwiegend hilfreich.   1☐   2☐   3☐

Orientierung an den Studierenden

	ja	teils/teils	nein

(24) Der/die Lehrende ging auf
Einwände/Fragen der
Studierenden ein.   1☐   2☐   3☐

(25) Der/die Lehrende setzte sich außerhalb
der Vorlesungen für Studierende
ein (z.B. Gutachten, Beratung,
Abschlussarbeiten).   1☐   2☐   3☐

(26) Der/die Lehrende nahm sich Zeit für
die persönliche Beratung der
Studierenden (Einzelberatung,
Feed-Back etc.).   1☐   2☐   3☐

Persönliche Eigenschaften

	ja	teils/teils	nein

(27) Der/die Professorin versteht es,
auch „trockenen" Themen
interessante Seiten abzugewinnen.   1☐   2☐   3☐

(28) … war nach meinem Eindruck
gut vorbereitet.   1☐   2☐   3☐

(29) … ist offen für ein Feedback
seitens der Studierenden.   1☐   2☐   3☐

(30) Falls Sie den Fragebogen noch durch Anmerkungen, Kritik oder Empfehlungen ergänzen möchten, haben Sie hier die Möglichkeit dazu:

Vielen Dank für Ihre Mitarbeit!

Optional räumt *Evaprof* durch die Funktion für Zusatzfragen begrenzt Raum für weitere Fragestellungen ein. Denkbare Items, die auch der Vieldimensionalität des Lehrgeschehens nahekommen und die Sicht der unterschiedlichen Akteure (Lehrende und Studierende) berücksichtigt, sind unter Punkt 6.3 aufgeführt.

6.3 Items guter Lehre

Die Fragen sollten als Aussagesätze formuliert werden, da die Antwortkategorie im obigen Fragebogen standardisiert ist („ja- teils/teils-nein" oder „Trifft zu" bis „Trifft gar nicht zu"). Diese Items können entsprechend der Veranstaltungsform (Vorlesung, Übung, Seminar o.Ä.) wahlweise eingesetzt werden.

Qualität der Referate der Studierenden

- Die Referate sind inhaltlich interessant.
- Die Referentinnen und Referenten sind gut vorbereitet.
- Die Referate sind schlecht strukturiert.
- Die Referate sind verständlich.
- Die Referentinnen und Referenten zeigen großes Engagement.
- Die Referate werden durch den/die Lehrenden sinnvoll ergänzt.
- Das fachliche Niveau der Referate ist angemessen.

Eigenes Studierverhalten

Auf welche Weise arbeiten Sie für die Lehrveranstaltungen?
- Nacharbeiten der eigenen Aufzeichnungen
- Lesen der angegebenen Literatur
- Durcharbeiten des Skripts
- Lektüre weiterer Literatur
- Bearbeitung von Übungsaufgaben
- Nachbereitung des Stoffs in einer Arbeitsgruppe
- regelmäßige Teilnahme an den Übungen

6. Materialien

Leistungsanforderungen

- Die Anforderungen für den Leistungsnachweis wurden transparent gemacht.
- Die Prüfungsanforderungen bestehen aus Abprüfen von bloßem Faktenwissen.
- Die Anforderungen für den Leistungsnachweis sind angemessen.
- Das Anforderungsniveau in der Lehrveranstaltung ist mir zu hoch.
- Das Anforderungsniveau in der Lehrveranstaltung ist mir zu niedrig.
- Das Anforderungsniveau in der Lehrveranstaltung ist angemessen.

Klima in der Lehrveranstaltung

- In der Lehrveranstaltung ist häufig ein Kommen und Gehen.
- Es besteht ein angenehmes Klima zwischen dem Dozenten/der Dozentin und den Studierenden.
- In der Lehrveranstaltung herrscht eine Arbeitsatmosphäre, die dazu ermutigt, Fragen zu stellen und sich selbst zu beteiligen.
- Das Klima unter den Studierenden ist kooperativ.
- Die Beteiligung der Studierenden an der Lehrveranstaltung ist gering.

Allgemeines Konzept der Lehrveranstaltungen

- Vorlesung und Übung/Praktikum sind gut aufeinander abgestimmt.
- Die Lehrveranstaltung enttäuscht meine Erwartungen an das Studienfach.
- Die Lehrveranstaltung gibt mir die Möglichkeit, viel zu lernen.

Alternativ zu dieser computergestützten Form bestehen natürlich weitere Varianten der Konstruktion von Fragebögen zur Lehrqualität. Auf ein besonders bewährtes Instrument zur Erfassung von Studienqualität (die ja bekanntlich über einzelne Lehrveranstaltungen hinausgeht) der Universität Frankfurt am Main weisen Nieder et al. (2004) hin. Weitere Empfehlungen und Hinweise enthalten die in der Link-Sammlung im Anhang aufgelisteten Evaluationsstellen bzw. Serviceagenturen für Evaluation (vgl. Mittag et al. 2003: 10 ff.).

6.4 Scannergestützte Evaluation mit *EvaSys*

Neben *Evaprof* bietet sich mit *EvaSys* ein weiteres pc-gestütztes Auswertungsprogramm für die Evaluation von Lehrveranstaltungen an. Es stellt aber anders als *Evapro*" ein breiteres Set an verschiedenen Befragungen zur Evaluation von Studium und Lehre bereit und funktioniert zudem auch scannerbasiert. Sowohl online als auch papiergebunden lassen sich Befragungen organisieren. Voraussetzung ist die Einrichtung einer zentralen Scanstation für die Auswertung und das Einlesen von Papierfragebögen sowie die Installation des Programms auf einem zentral zugänglichen Computer. *EvaSys* offeriert verschiedene, methodisch gesicherte Fragebögen, die als Formular erfasst und mit Zusatzfragen weiter entwickelbar sind. Automatisch werden nach der Anmeldung des Nutzers und der Einrichtung eines entsprechenden Ordners verfügbare Fragebögen (z.B. EVA 11) zugänglich gemacht und Berichtsdokumente erstellt.

Für die Durchführung einer Paper & Pencil-Befragung meldet sich der/ die Nutzer bzw. Nutzerin am EvaSys-Server mit Nutzernamen und Kennwort an. Das Loginfenster wird gemäß der Informationen, die der lokale EvaSys-Administrator angegeben hat, erreicht. Im EvaSys-Interface sind die zur Verfügung stehenden Funktionen aufgeführt. Hier wird ein neuer Studienordner angelegt. Dann erscheint eine tabellarische Darstellung der in dem gewählten Studienordner vorhandenen Umfragen. Mit der entsprechenden Funktionstaste ist eine „Neue Umfrage" zu erzeugen. Aus der Liste der verfügbaren Fragebögen kann nun z.B. der Fragebogen EVA11 ausgewählt werden. Für optionale Zusatzfragen wird das „Selbstdruckverfahren" empfohlen.

Ein weiteres TAN-basiertes Computerprogramm zur Evaluation findet sich beim Institut für Verbundstudien, Hagen (www.ifv-nrw.de/ifv_eval/online.htm). „OnlineEva 2.0" bietet Fragebögen für Lehrveranstaltungsbewertungen und stellt entsprechende Auswertungsprogramme bereit.

6.5 Befragung weiterer Studierendengruppen

Wie unter Kapitel drei bereits erwähnt, sind Absolventinnen und Absolventen zum Einen direkt nach ihrem Studienabschluss, zum Anderen mit einigen Jahren Abstand optimal zu befragen. Weitere Gruppen sind Studierende nach dem ersten Semester (Erstsemester) und Studierende höherer Semester (drittes oder viertes Semester).

6. Materialien

Dabei ist es sinnvoll, spezifische Themenkomplexe zu berücksichtigen. Neben den üblichen Grunddaten (Alter, Geschlecht, Jahr und Fach des Studienabschlusses) interessieren vor allem die folgenden Angaben.

Absolventen/Absolventinnen nach Abschluss des Studiums

Berufliche Situation

- Branche
- Unternehmensgröße
- Bezug zum Studienfach
- Entfernung des Arbeitsplatzes

Stellensuche

- Beschaffung
- Arbeitsmarkt
- Erfahrungen und Erfolgsfaktoren bei der Bewerbung
- Rolle der Hochschule
- Schwierigkeiten
- Anforderungen
- Gehalt
- Entwicklungsmöglichkeiten
- work-life-balance

Bewertung der im Studium erworbenen Qualifikationen

- Aufbau/Struktur des Studiums
- Anforderungen des Studiums
- Art der Wissensvermittlung
- vermittelte Qualifikationen/Fähigkeiten
- mögliche Tätigkeitsfelder
- berufliche Aussichten/Arbeitsmarktchancen
- retrospektive Beurteilung und Zufriedenheit mit der eigenen Studienentscheidung: Bedeutung und Berücksichtigung spezifischer Qualifikationen wie Grundlagen- und Fachwissen, Praxisbezug, Schlüsselkompetenzen, fachübergreifendes Denken etc.

Erstsemester

Entscheidung und Motivation zum Studium

- Profil der Hochschule
- Schwerpunkte, Lehrangebot
- Standort, Größe, Heimatnähe
- private Empfehlungen, Hochschulrankings
- Studienplatzzusage im Bewerbungsverfahren

Vorkenntnisse über Hochschule

- Schule, Betrieb, Ausbildungsstätte
- Andere Studierende, Freunde, Familie
- Zeitung, Rundfunk, Medien
- Informationsveranstaltung der Hochschule

Studienvoraussetzungen

- Allgemeine Hochschulreife/ Abitur
- fachgebundene Hochschulreife
- Fachhochschulreife
- Berufsausbildung

Vorkenntnisse

- Sprachkenntnisse
- naturwissenschaftliche Kenntnisse
- Geschichtskenntnisse
- Gesellschafts- und Wirtschaftskenntnisse
- EDV-Kenntnisse
- praktisch-technische Fertigkeiten

Gründe der Studienfachwahl

- Fähigkeiten, Neigungen
- gute Berufs- und Karriereaussichten

6. Materialien

- Aufstiegs- und Verdienstmöglichkeiten
- hohes Ansehen des zu erlangenden Berufes
- Studiendauer
- Höhe der Studiengebühren/ Studiengebührenfreiheit
- Entfaltungsmöglichkeiten
- Basis für Arbeit als Selbstständige/r
- Gestaltung und Veränderung von Wirtschaft/Gesellschaft
- Übereinstimmung mit persönlichem Werdegang
- Rat nahestehender Menschen

Studienfinanzierung

- Erwerbstätigkeit im erlernten Beruf
- Jobben (ständig oder gelegentlich)
- BAföG
- Unterhalt
- Vermögen, Ersparnisse
- Stipendium
- Unterstützung durch Eltern, Verwandte, Freunde, Partner

Beurteilung des Einstiegs ins Studium

- Beratungsangebote
- Informationsveranstaltungen (Studien, Prüfungsordnung etc.)
- Tutorien, Orientierungskurse
- (Technische) Ausstattung
- Kontakt zu den Lehrenden, zu Studierenden
- Betreuung und Feedbackmöglichkeiten
- Angebot und Breite an Lehrveranstaltungen
- Zugang PC-Pool
- Zugang Bibliothek
- Verhältnis eigener und erforderlicher Kenntnisse
- studentisches Leben, Attraktivität der Stadt, der Hochschule
- Unterkunft, ggf. Bewältigung des Ortswechsels

Höhere Semester

Ggf. lassen sich hier weitere Indikatoren der Erstsemesterbefragung aufnehmen.

Studienbedingungen

- studentisches Leben, Attraktivität des Campus
- Attraktivität der Stadt (Freizeitangebote, Lebenshaltungskosten)
- Arbeitsräume, Gruppenräume
- Bibliothek (Ausstattung, Öffnungszeiten etc.)
- Verhältnis zwischen Lehrendenschaft und Studierendenschaft

Beurteilung der Qualität der Lehrveranstaltungen und des Lehrangebotes

- klare Lernziele und Struktur
- Erreichung der Lernziele
- Transparenz von Benotungen, Rückmeldungen zum Lernerfolg
- Querverbindungen, Interdisziplinarität
- breites Lehrangebot
- vertiefendes Lehrangebot
- angemessenes Niveau
- Praxisbezug
- passendes Tempo und gute Verständlichkeit
  Erfüllung der eigenen Erwartungen (z.B. Fähigkeiten, Neigungen nachgehen, gute Berufsaussichten, Studierbarkeit, Entfaltungsmöglichkeiten)

Praxisaktivitäten im Studium / Bewerbungsaktivitäten

- Bedeutung eines Praxissemesters für späteren Beruf
- Niveau und Anforderungen während des Praxissemesters
- Betreuung des Praxissemesters (durch Hochschule, durch Betrieb)
- Möglichkeiten Abschlussarbeit im Betrieb zu schreiben
- Möglichkeiten der anschließenden Übernahme im Betrieb

Erfolgsfaktoren bei der Stellensuche

- Note, Qualifikation, Studiendauer
- Hochschule

- Schlüsselkompetenzen, Mobilität, Flexibilität
- Netzwerke, Beziehungen, Referenzen
- Engagement, Auftreten

6.6 Evaluation mit MAXQDA

Gegenüber dieser Variablen orientierten Zugangsweise im quantitativen Befragungsdesign bieten sich fallorientierte Zugangsweisen im kleineren Setting an. Über die Stärken dieses an ‚sozialen Regelhaftigkeiten' (vgl. Kuckartz et al. 2007: 12, 71) und Kontexten interessierten Verfahrens auf Basis der qualitativen Datenanalysesoftware MAXQDA informiert das Handbuch „Qualitative Evaluation" von Kuckartz et al. (2007) am Beispiel des theoretischen Codierens. Hier bietet das Programm MAXQDA neben ATLAS.ti (www.atlasti.com/de/) eine Software, die es erlaubt, komplexe textbasierte Befragungsdaten zu codieren, Fall vergleichend zu analysieren und mit quantitativen Auswertungsprogrammen wie z.B. SPSS zu kombinieren. Unter *www.maxqda.de* finden sich weitere informative Hinweise und auch eine Probeversion, die in die vielfältige Verwendbarkeit des Programms einführt. Voraussetzung ist hier, dass die aufgezeichneten Interviews transkribiert und als rtf-Datei abgespeichert werden. Nach dem Einlesen aller auszuwertenden Interviews kann der Nutzer und die Nutzerin relativ einfach wichtige Textpassagen markieren und über die Betätigung parallel anzeigbarer Fenster zwischen den Texten navigieren, eine Anzeige ausgewählter Items mit entsprechenden Textpassagen der verschiedenen Interviews generieren und schließlich mit einem sogenannten Codeliner visualisieren. Teamworkfunktionen, Code-Matrix Browser, lexikalische Suchfunktionen und Text Retrievals runden das Programm ab. Folgendes Beispiel zeigt ein Dokument aus einer Gruppendiskussion mit Lehrenden auf der Basis des weiter unten angeführten Frageleitfadens. Mit der Funktion, die Codings aller Texte anzuzeigen, besteht nicht nur eine gute Möglichkeit, sich den Textvergleich am Bildschirm bezogen auf einen bestimmten Code anzeigen zu lassen. Vielmehr kann im Anschluss diese Codeliste in Word exportiert werden.

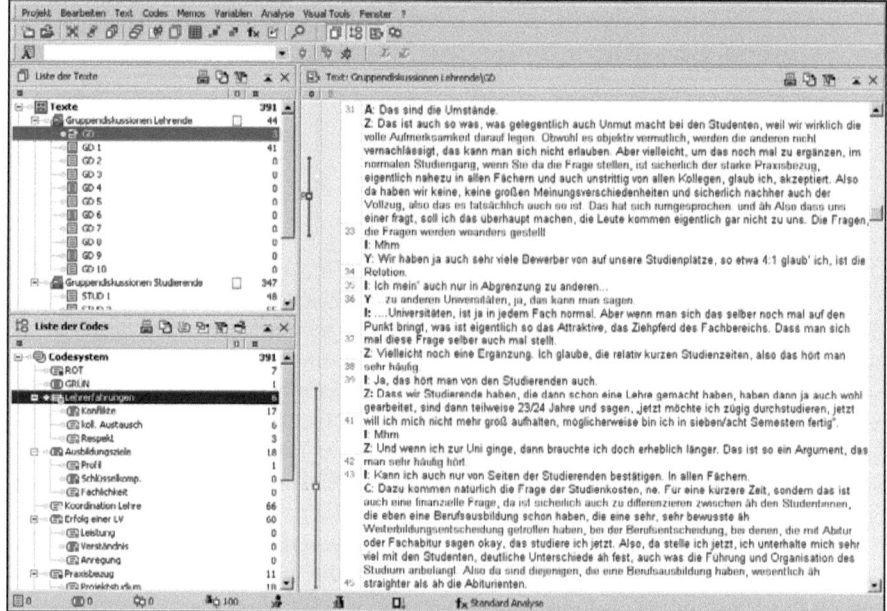

Abb. 16: Beispiel einer mit MAXQDA aufbereiteten Textdatei

6.7 Leitfaden für Gruppendiskussionen mit Studierenden[6]

Thema: Ausbildung und Studienrealität am Fachbereich: Stärken und Potenziale

Der folgende Leitfaden für Gruppendiskussionen dient der lockeren Strukturierung von offenen Gesprächen, für die ca. 90 Minuten eingeplant werden sollten. Sie sollten mit Zustimmung der Befragten auf Band bzw. digitalem Rekorder mitgeschnitten werden. Der Mitschnitt dient der präzisen Zusammenfassung und Auswertung des Gespräches.

I. Einstieg

Sie stehen nun in der Mitte Ihres Studiums. Wenn Sie Ihre ersten Studienjahre bis jetzt noch einmal Revue passieren lassen würden, wie haben Sie Tritt gefasst, was waren für Sie die schwierigen Hürden oder kritischen Phasen in Ihrem Grundstudium? Oder haben Sie nur noch positive Erinnerungen?

Wo haben Sie einen guten Überblick über das Studium erhalten?

Was war für die Wahl des Studienortes für Sie ausschlaggebend (Stadt, fachliches Profil, Nähe zum Heimatwohnort o.a.?)

War Ihr Grundstudium bislang eine gute Vorbereitung für Ihr Hauptstudium? Wo sehen Sie die Hauptschwächen des Grundstudiums? Welche Verbesserungsvorschläge haben Sie?

II. Schwerpunktbildung Ende des Grundstudiums

Wenn Sie nach dem Grundstudium einen Studienschwerpunkt wählen mussten, fiel es Ihnen schwer, diese Entscheidung zu fällen?

Hatten Sie genügend Zeit zur Entscheidungsfindung?

Besteht tatsächlich Wahlfreiheit bzgl. der Schwerpunkte oder führen Engpässe dazu, dass die Wahl des Schwerpunktes korrigiert werden muss? Wenn ja, welche Engpässe sind das?

---

6   Mein Dank gilt Reiner Reissert, der seinrzeit für das HIS Hannover, den Zieldiskussionsprozess an der Projekthochschule moderiert und einige Starthilfen gegeben hat. Der Leitfaden ist ein Ergebnis dieser Moderationsphase.

III. Lehren und Lernen/Lehrangebot

Wie beurteilen Sie die Qualität des Lehrangebots – insbesondere im Grundstudium? Wie beurteilen Sie die Lehrinhalte und das Lehrangebot? Was meinen Sie, wovon hängt das Gelingen einer Lehrveranstaltung am ehesten ab?

Didaktik, Präsentation, Veranstaltungsform und -klima, Beteiligungs- und Betreuungsmöglichkeiten

Wie bewerten Sie die Studierbarkeit am Fachbereich insgesamt?

Wie wird Ihr Praxiswissen in den Lehrveranstaltungen aufgenommen?

Wie lernen Sie für die Praxis?

Wo sollen stärkere Akzente gesetzt werden? Was war überflüssig?

Bestehen fachliche Defizite im Lehrangebot (z.B. fehlende Statistik- und /oder Sprachkenntnisse o.a.), die für das weitere Studium wichtig sind?

Haben Sie ausreichend gelernt, mit EDV umzugehen?

Haben Sie gelernt, wissenschaftliche Arbeiten anzufertigen?

Sind Sie in der Lage, EDV-gestützte Literaturrecherchen vorzunehmen?

IV. Studienziele, Beratung und Zweck der Ausbildung

Wird im Studium auf die Grenzen von Wissenschaft und Forschung (ethische Fragen) ausreichend eingegangen?

Wie haben Sie in Ihrem bisherigen Studium Beratung seitens Lehrender hinsichtlich Umfang, Themen und Bedarf erfahren?

Wird im Studium auf die zukünftige Arbeit genügend vorbereitet/wie finden Sie Praktikaplätze/ wie sieht bei Ihnen das Praxissemester aus?

Welche fachlichen, methodischen und organisatorischen Kompetenzen und persönlichen Eigenschaften soll nach Ihrer Meinung das Studium vermitteln?

V. Studiendauer

Ist das Lehrangebot in der vorgegebenen Studienzeit studierbar?

Falls nein, warum nicht?

Wenn es zu Verzögerungen in der Studienzeit kommt, liegt das eher an internen Gründen (Aufbau des Studiengangs) oder sind eher äußere Faktoren (Erwerbstätigkeit etc.) dafür verantwortlich?

Was müsste getan werden, um innerhalb der Regelstudienzeit das Studium abschließen zu können?

VI. Abschlussrunde

Was sind, auch noch mal im Blick auf die zurückliegende Diskussion, die Stärken, was sind die Schwächen des Studiengangs und was sollte unbedingt verbessert oder geändert werden?

VII. Abmoderation

Wir haben nun eine lange Zeit diskutiert: Gibt es wichtige Punkte, die noch nicht zur Sprache gekommen sind und die angesprochen werden müssen, die wir jetzt aber nicht mehr vertiefen können?

6.8 Leitfaden für Gruppendiskussionen mit Lehrenden

Thema: Ausbildung und Studienrealität am Fachbereich: Stärken und Potenziale

Der folgende Leitfaden eröffnet die Perspektive der Lehrenden und dient der lockeren Strukturierung von offenen Gesprächen, für die ca. 90 Minuten eingeplant werden sollten. Sie sollten mit Zustimmung der Befragten auf Band bzw. digitalem Rekorder mitgeschnitten werden. Der Mitschnitt dient der präzisen Zusammenfassung und Auswertung des Gespräches.

I. Einstieg

Sagen Sie doch bitte einmal, warum man eigentlich in XY studieren sollte? Was sind die Potenziale Ihres Fachbereichs, Departments oder Fachgebietes?
Wenn Sie anhand Ihrer persönlichen Erfahrungen am Fachbereich, Department oder Fachgebiet und dem, was Sie von Ihren Kolleginnen und Kollegen wissen, einmal die Situation der Lehre beschreiben müssten, was würde Ihnen da als wichtigstes Problem oder Stichwort einfallen?

II. Erfahrungen mit Lehre

Betreuung und Beratung

Was bereitet Ihres Erachtens den Studierenden die größte Schwierigkeit bei der Studienorganisation?
Über welche Erfahrungen verfügen Sie selbst in diesem Bereich? Wo sehen Sie wichtige Lösungsansätze?
Wie und wo kommen Sie als Lehrende miteinander ins Gespräch?
Gibt es an der Hochschule, am Department oder Fachgebiet gemeinsame Treffpunkte für Lehrende?

Ausbildungsziele

Was sollte Ihrer Meinung nach das Ausbildungsziel des Studiums an Ihrem Fachbereich, Department oder Fachgebiet sein?
Was halten Sie für berufsqualifizierend und was soll das Studium fachlich, methodisch, organisatorisch, persönlich vermitteln?

Lehrorganisation und Lehre

Wie beurteilen Sie die Koordination des Lehrangebots am Fachbereich, Department oder Fachgebiet in zeitlicher und inhaltlicher Hinsicht?
Wie beurteilen Sie die lehrbezogene Ausstattung des Fachbereichs, Departments oder Fachgebiets?
Wie beurteilen Sie die Vorbildung der Studierenden?
Reicht das aus, was sollten Studierende denn dann mitbringen?
Was macht für Sie den Erfolg einer Lehrveranstaltung in organisatorischer, fachlicher, methodischer, persönlicher Hinsicht aus?
Wie bringen Sie den Praxisbezug in Ihre Lehrveranstaltungen ein?
Bieten Sie Projektstudium an und wie und wo vermitteln Sie den Studierenden Schlüsselkompetenzen?
Welchen Stellenwert haben für Sie selbst Möglichkeiten der Weiterbildung von Lehrenden (Hochschuldidaktik)?
Haben Sie bereits Erfahrungen mit der Bewertung Ihrer eigenen Lehrveranstaltung, wenn nein, hätten Sie Interesse daran?

> **III. Lösungsansätze**
>
> Was sollte für eine bessere Lehrsituation unternommen werden?
>
> **IV. Abschlussrunde**
>
> Was sind, auch noch mal im Blick auf die zurückliegende Diskussion, die Entwicklungspotenziale, was sind die Schwächen des Studiengangs und was sollte unbedingt verbessert oder geändert werden?
>
> **V. Abmoderation**
>
> Wir haben nun eine lange Zeit diskutiert: Gibt es wichtige Punkte, die noch nicht zur Sprache gekommen sind und die angesprochen werden müssen, die wir jetzt aber nicht mehr vertiefen können?

6.9 Abfassung von Lehrberichten und Studienreformberichten

Die Evaluation ist ein wesentliches Element zur Sicherung der Qualität der Lehre und liegt in der Verantwortung der Lehreinheit. Zum Teil fordert der Gesetzgeber in diesem Kontext auch die Erstellung von Lehrberichten bzw. Studienreformberichten.

Der folgende Vorschlag für die Gliederung eines Lehrberichtes kann und sollte an die Gegebenheiten der einzelnen Lehreinheit angepasst werden. Insbesondere in den ersten Durchgängen dürften auch gekürzte Fassungen in Betracht kommen. Es ist sinnvoll, viele Informationen, insbesondere die Strukturdaten der Lehreinheit, nicht in jeder Folge des Lehrberichts bzw. Studienreformberichts von Neuem zu erheben, sondern lediglich beim ersten Mal zusammenzustellen. In die Folgeberichte können diese Daten, unverändert oder den Umständen entsprechend korrigiert, übernommen werden. Da hier zum Teil dieselben Daten abgefragt werden, wie bei einer internen Lehrevaluation ist es sinnvoll, diese Verfahren gegenseitig nutzbar zu gestalten und mehrfachen Arbeitsaufwand zu reduzieren.

Aufbau

Vorwort/Einleitung

In der Einleitung sind rechtliche Grundlagen und die Zielsetzung des Lehrberichtes, der Berichtszeitraum, methodische Hinweise, die Adressaten und Adressatinnen des Berichtes sowie ggf. Ergebnisse und Konsequenzen des vorhergehenden Berichtes darzustellen.

Die Gliederung des Lehrberichtes kann folgendermaßen gestaltet werden:

1. Strukturmerkmale des Fachbereichs

1.1 Differenzierung: Studiengänge, Studienrichtungen, Schwerpunkte, Vertiefungsbereiche – Vollzeit-, Teilzeit-, Verbundstudium, internationale Studiengänge

1.2 Studienorganisation und -aufbau: Studienpläne (Vorschriften und Empfehlungen) Prüfungsorganisation und -ablauf

1.3 Mitglieder des Fachbereich: Studierende – Lehrende – Mitarbeiter

1.4 Räumliche Situation

2. Ziele der Ausbildung und Vorstellungen der Beteiligten

2.1 Ziele, Konzeption und Profil des Studiums: Studienziele und Studienaufbau – Praxisbezüge und praktische Anteile des Studiums – Beziehungen der Lehre zur Forschung und Entwicklung

2.2 Vorstellungen der Lehrenden, Mitarbeiter und Studierenden

Zielvorstellungen – Einschätzung der Situation

3. Beratung, Information und Betreuung der Studierenden

3.1 Angebote von Instanzen des Fachbereichs: Beratung und Information vor Studienbeginn und für Studienanfänger/innen – Tutoren- u. Mentorensysteme sonstige Beratung und Information am Fachbereich (auch v. externen Anbietern)

3.2 Beratung durch Lehrende/Mitarbeiter/innen: Studienberatung – Prüfungsberatung/-betreuung sonstige Formen der Beratung und Betreuung

3.3 Beurteilung des Angebotes

4.	**Organisation und Didaktik der Lehre**
4.1	Lehrveranstaltungen: Formen (Vorlesung, Übung, Praktikum, Exkursion u.a.), Pflicht-, Wahlpflicht-, Wahlveranstaltungen Parallelangebote – Veranstaltungsplanung (Verantwortliche, zeitlicher Rahmen) – Gruppen- und Raumgrößen – Teilnehmerbeschränkungen – zeitliche Wochen- und Tagesverteilung – Stundenverteilung und -ausfälle – Semester- und Jahresturnus des Angebotes, Anteil evaluierter Lehrveranstaltungen
4.2	Evaluation der Lehre
4.2.1	Globale Beurteilung: fachbereichsbezogene Einschätzung der Qualität der Lehre durch Studierende und Lehrende, Verbesserungsvorschläge
4.2.2	Studentische Beurteilung von Lehrveranstaltungen: Ergebnisse der studentischen Veranstaltungsbewertungen (soweit von Lehrenden zur Verfügung gestellt)
5.	**Verhalten und Situation der Studierenden**
5.1	Studierverhalten: Wahlmöglichkeiten und Wirkungsgrad von Studienempfehlungen – Faktoren der Studiensteuerung (Studienordnung, Prüfungen, Freiversuchsregelung, BAföG,) durchschnittliche Studiendauer – Über- und Unterschreitungen der Regelstudienzeit, zeitliche Beanspruchung durch das Studium (Vorlesungszeit/vorlesungsfreie Zeit)
5.2	Studiensituation: Erwerbstätigkeit während des Studiums – familiäre Beanspruchungen – Wohnort u. Wohnsituation
6.	**Folgerungen: Zusammenfassung**
	Mögliche und vorgesehene praktische Konsequenzen aus dem Lehrbericht. Hier ist es auch ratsam, eine studentische Stellungnahme zum Lehrbericht einzuholen.

Der Lehr- bzw. Studienreformbericht oder auch ein Evaluationsbericht gewinnt zudem dadurch, dass das gewählte Verfahren der Evaluation an sich reflektiert und kritisch in seiner Umsetzung überprüft wird (Meta-Evaluation, vgl. Widmer 1996). Dabei helfen u.a. auch die Angaben in der folgenden Checkliste aus dem „Handbuch der Evaluationsstandards" des Joint Committee on Standards for Educational Evaluation.

7. Checkliste zur Anwendung der Standards für Evaluation

Diese Übersicht kann unter Zuhilfenahme der „Standards für die Evaluation von Programmen" (Sanders et al. 2006) von den Beteiligten und Betroffenen genutzt werden, um zu überprüfen, ob die im jeweiligen Evaluationsverfahren verwendeten Methoden und Zugänge sowie die Prozesse, aus der Retrospektive betrachtet, sinnvoll gestaltet worden sind. Damit soll jedoch keine „Ranglistenmentalität" (Sanders et al. 1999: 42) befördert, sondern lediglich eine Anregung gegeben werden.

	Der Standard ...			
	wurde eingehalten	wurde teilweise eingehalten	wurde nicht eingehalten	war nicht anwendbar
N2 Glaubwürdigkeit der Evaluatorin				
N3 Umfang und Auswahl der Informationen				
N4 Feststellung von Werten				
N5 Klarheit des Berichts				
N6 Rechtzeitigkeit und Verbreitung des Berichts				
N7 Wirkung der Evaluation				
D1 Praktische Verfahren				

D2 Politische Tragfähigkeit				
D3 Kostenwirksamkeit				
K1 Unterstützung der Dienstleistungsorientierung				
K2 Formale Vereinbarungen				
K3 Schutz individueller Menschenrechte				
K4 Human gestaltete Interaktion				
K5 Vollständige und faire Einschätzung				
K6 Offenlegung der Ergebnisse				
K7 Deklaration von Interessenkonflikten				
K8 Finanzielle Verantwortlichkeit				
G1 Programmdokumentation				
G2 Kontextanalyse				
G3 Beschreibung von Zielen und Vorgehen				

7. Checkliste zur Anwendung der Standards für Evaluation

G4 Verlässliche Informationsquellen				
G5 Valide Informationen				
G6 Reliable Informationen				
G7 Systematische Informationsüberprüfung				
G8 Analyse quantitativer Informationen				
G9 Analyse qualitativer Informationen				
G10 Begründete Schlussfolgerungen				
G11 Unparteiische Berichterstattung				
G12 Meta-Evaluation				

8. Literatur

Amabile, Teresa (1998): How To Kill Creativity. Harvard Business Review, Sep.-Oct. 76(5), S. 76-87.

ATLAS.ti. Verfügbar über www.atlasti.com/de/. (Stand: 24.05.2008).

Backes-Gellner, Uschi; Petra Moog (Hrsg.) (2004): Ökonomie der Evaluation von Schulen und Hochschulen. Berlin: Duncker und Humblot.

Beywl, Wolfgang (2000): Evaluation und Qualitätsmanagement. In: Qualitätsentwicklung und Selbstevaluation. Tagungsdokumentation, hg. v. Akademie Remscheid, S. 7-15.

Biermann, Benno; Ernst, Stefanie (1999a): Qualität der Lehre. Ergebnisse der Lehrendenbefragung. Münster (Unveröffentl. Bericht).

Biermann, Benno; Ernst, Stefanie (1999b): Qualität der Lehre. Ergebnisse der Studierendenbefragung. Münster (Unveröffentl. Bericht).

Blom, Herman (2000): Der Dozent als Coach. Neuwied/Kriftel: Luchterhand.

Bohnsack, Ralf (2000): Rekonstruktive Sozialforschung: Einführung in Methodologie und Praxis qualitativer Forschung, 4. Aufl.. Opladen: Leske und Budrich.

Bröckling, Ulrich (2004): Evaluation. In: Bröckling, Ulrich; Krasmann, Susanne; Lemke, Thomas (Hrsg.): Glossar der Gegenwart. Frankfurt a. M.: Suhrkamp, S. 76-81.

Cramer, Alfons (2000): Im Hinterkopf die Lehre, im Blick die Karriere oder warum die besten Lehrabsichten zumeist auf der Strecke bleiben. In: Rademacher, Claudia; Wiechens, Peter (Hrsg.): Verstehen und Kritik. Soziologische Suchbewegungen nach dem Ende der Gewissheiten. Festschrift für Rolf Eickelpasch. Opladen: WDV, S. 13-32.

Daniel, Hans-Dieter (2005): Mehrstufige Evaluationsverfahren für Fachbereiche – das Beispiel der Evaluationsstelle der Universität Zürich. In: Zeitschrift für Erziehungswissenschaft. Beiheft 4, S. 257-270.

Donabedian, Avedis (1966): Evaluating the quality of medical care. In: The Milbank Memorial Fund Quarterly, Vol. XLIV, Number 3, July, Part 2, S. 167-206.

Empfehlung zur Evaluation von Lehre und Forschung (1998): Landesrektorenkonferenz der Fachhochschulen des Landes NRW / Geschäftsstelle Evaluation der Fachhochschulen.

Ernst, Stefanie (2004): Angewandter ‚Methodenmix'? Gruppendiskussionen und schriftliche Befragungen am Beispiel eines Vorstudienmodells in der Hochschulevaluation. In: Forum Qualitative Sozialforschung (Online Journal), 5(2). Verfügbar über: http://www.qualitativeresearch.net/fqs-texte/a5b6c7/2-04ernst-d.htm, Volume 5, Nr. 2, Mai 2008.

Faßmann, Henrik (2008): Rehabilitationsforschung als Arbeitsfeld von Sozialwissenschaftlern/-innen. In: Sozialwissenschaften und Berufspraxis, 31. Jg. Heft 1/2008, S. 147-152.

Fedrowitz, Jutta (1999): Hochschulen und Zielvereinbarungen – neue Perspektiven der Autonomie: vertrauen – verhandeln – vereinbaren (CHE-Symposium *Hochschulen und Zielvereinbarungen* – neue Ziele der Autonomie), Gütersloh: Bertelsmann-Stiftung

Flick, Uwe (2006) (Hrsg.): Qualitative Evaluationsforschung. Konzepte, Methoden, Umsetzungen. Reinbek: Rowohlt.

Frey, Bruno (2006): Evaluitis – eine neue Krankheit. Working Paper No. 293, Institute for Empirical Research in Economics, University of Zurich. http://www.iew.uzh.ch/wp/iewwp293.pdf (Stand 01.04.2008).

Füller, Christian (2004): Die Evaluatoren kommen! In: DUZ (Deutsche Universitätszeitung), Heft 3, S. 11-13.

Gerull, Peter (1999): Selbstbewertung des Qualitätsmanagements. Eine Arbeitshilfe. Berlin: Bundesministerium für Familie, Senioren, Frauen und Jugend.

Giel, Susanne (1999): Messung der Erfolgsspanne. In: Lichtenberg, Karl-Heinz (Hrsg.): Selbstevaluation in der Praxis. Tagungsbericht der zweiten Jahrestagung Selbstevaluation in der Akademie Remscheid vom 19. bis 20 März 1999.

HambHG (2001): Hamburger Hochschulgesetz, http://hh.juris.de/hh/HSchulG_HA_rahmen.htm (Stand: 24.05.2008).

Heiner, Maja (1996): Evaluation zwischen Qualifizierung, Qualitätsentwicklung und Qualitätssicherung. In: Qualitätsentwicklung durch Evaluation, hg. v. Maja Heiner. Freiburg i. Br., S. 20- 47.

Heintel, Peter (1998): Thesen zur Rolle des internen Beraters – aus externer Perspektive. In: Zeitschrift für Organisationsentwicklung, Heft 2, S. 43-51.

8. Literatur

Hennen, Manfred; Häuser, Simon (2002): Evaluation und Organisationsentwicklung – ein Vergleich. http://evanet.his.de/evanet/forum/pdf-position/Hennen HauserPosition.pdf. (Stand: 15.04.2006).

Hochschulrektorenkonferenz (Hrsg.) (2007): Wegweiser 2006. Qualitätssicherung an Hochschulen. Projekt Qualitätsmanagement. Beiträge zur Hochschulpolitik 9/2007. Bonn.

Höhne, Thomas (2005): Evaluation als Wissens- und Machtform. Giessen. http://geb.uni-giessen.de/geb/portal/eb_giessen/ (Stand: 06.05.2008.

Kardorf, Ernst von (2000): Qualitative Evaluationsforschung. In: Flick, Uwe; Kardorff, Ernst von; Steinke, Ines (Hrsg.): Qualitative Forschung. Ein Handbuch. Reinbeck: Rowohlt, S. 242-265.

Keller-Ebert, Cornelia; Kißler, Mechtilde; Schobert, Berthold (2005): Evaluation praktisch! Wirkungen überprüfen. Maßnahmen optimieren. Berichtsqualität verbessern. Heidelberg: Hiba.

Keppler, Dorothee (2007): Prozessoptimierung durch Aktivierung. Die Steigerung der Wirksamkeit prozessbegleitender Evaluationen durch aktivierende Datenerhebung. In: Zeitschrift für Evaluation, Heft 1/2007, S. 61-78.

Kessler, Heinrich; Winkelhofer, Georg A. (2002): Projektmanagement: Leitfaden zur Steuerung und Führung von Projekten. Berlin: Springer.

Knauf, Helen (2001): Schlüsselqualifikationen. Entstehung, Probleme und Relevanz eines Konzeptes. In: Das Hochschulwesen 2/2001, S. 45-50.

Kozar, Gerhard (1999): Hochschul-Evaluierung: Aspekte der Qualitätssicherung im tertiären Bildungsbereich. Wien: WUF.

Kromrey, Helmut (2000): Fallstricke bei der Implementations- und Wirkungsforschung sowie methodische Alternativen. In: Müller-Kohlenberg, Hildegard; Münstermann, Klaus (Hrsg.): Qualität von Humandienstleistungen. Evaluation und Qualitätsmanagement in Sozialer Arbeit und Gesundheitswesen. Opladen: Leske und Budrich, S. 19-58.

Kromrey, Helmut (2001a): Studierendenbefragungen als Evaluation der Lehre? Anforderungen an Methodik und Design. In: Engel, Uwe (Hrsg.): Hochschul-Ranking. Zur Qualitätsbewertung von Studium und Lehre, S. 11-48. Frankfurt a. M. Campus.

Kromrey, Helmut (2001b): Evaluation – ein vielschichtiges Konzept. Begriff und Methodik von Evaluierung und Evaluationsforschung. Empfehlungen für die Praxis. In: Sozialwissenschaften und Berufspraxis. 24 (2001), Nr. 2, S. 105-132.

Kromrey, Helmut (2004): Qualität und Evaluation im System Hochschule. In: Evaluationsforschung. Grundlagen und ausgewählte Forschungsfelder, hg. v. Reinhard. Stockmann, 2. Aufl.. Opladen: Leske und Budrich, S. 233-258.

Kromrey, Helmut (2006): Empirische Sozialforschung. Modelle und Methoden der standardisierten Datenerhebung und Datenauswertung, 11. Aufl.. Stuttgart: UTB/ Lucius und Lucius.

Kuckartz, Udo; Dresing, Thorsten, Rädker, Stefan, Stefer, Claus (2007): Qualitative Evaluation. Der Einstieg in die Praxis. Wiesbaden: VS Verlag.

Künzel, Ellen; Nickel, Sigrun; Zechlin, Lothar (1999): Organisationsentwicklung an Hochschulen. Was geschieht mit den Evaluationsergebnissen? In: „Viel Lärm um nichts?" Evaluation von Studium und Lehre und ihre Folgen. Beiträge zur Hochschulpolitik 4, hg. von der Hochschulrektorenkonferenz, S. 105-120.

Kultusministerkonferenz (2005): Qualitätssicherung in der Lehre. http://www.kmk.org/doc/beschl/BS_050922_Qualitaetssicherung_Lehre.pdf (Stand: 07.11.2007)

Lamnek, Siegfried (1995): Qualitative Sozialforschung, Bd. 1: Methodologie, 3. Aufl., Weinheim: Beltz.

Lamnek, Siegfried (2005): Qualitative Sozialforschung. Lehrbuch, 5. Aufl., Weinheim: Beltz.

Lüders, Christian (2003): Evaluationsforschung. In: Bohnsack, Ralf; Marotzki, Winfried; MEuser, Michael (Hrsg.): Hauptbegriffe Qualitativer Sozialforschung, Ein Wörterbuch. Opladen: Leske und Budrich, S. 55-56.

Lüders, Christian; Haubrich, Karin (2003): Qualitative Evaluationsforschung. In: Schweppe, Cornelia (Hrsg.): Qualitative Forschung in der Sozialpädagogik. Opladen: Leske und Budrich, S. 305-330.

Mayring, Philipp (2001): Kombination und Integration qualitativer und quantitativer Analyse. In: Forum Qualitative Sozialforschung (Online-Journal), 2(1). http://www.qualitative-research.net/ fqs-texte/-01/1-01mayring-d.htm..

Merchel, Joachim (2001): Qualitätsmanagement in der sozialen Arbeit. Ein Lehr- und Arbeitsbuch. Münster: Votum.

8. Literatur

Mertens, Dieter (1974): Schlüsselqualifikationen: Thesen zur Schulung für eine moderne Gesellschaft. In: Mitteilungen aus der Arbeitsmarkt- und Berufsforschung 7, Heft 1, S. 36-43.

Mittag, Sandra; Bornmann, Lutz; Daniel, Hans Dieter (2003): Evaluation von Studium und Lehre an Hochschulen. Handbuch zur Durchführung mehrstufiger Evaluationsverfahren. Münster: Waxmann.

Mittag, Sandra (2006): Qualitätssicherung an Hochschulen. Eine Untersuchung zu den Folgen der Evaluation von Studium und Lehre. Münster: Waxmann.

MSWF (1998): Ministerium für Schule, Wissenschaft und Forschung (Hrsg.): Bericht an den Landtag des Landes Nordrhein-Westfalen zur Entwicklung und Sicherung der Qualität schulischer Arbeit. Düsseldorf: ohne Verlag.

MSWWF (2000): Ministerium für Schule und Weiterbildung, Wissenschaft und Forschung des Landes Nordrhein-Westfalen (Hrsg): Gesetz über die Hochschulen des Landes Nordrhein-Westfalen mit Begründungen (Hochschulgesetz-HG). Düsseldorf: Kamp.

Müller-Böling, Detlef (2006): Hochschule und Profil – zwischen Humboldt und Markt? In: Hochschulrektorenkonferenz (Hrsg.): Von der Qualitätssicherung in der Lehre zur Qualität als Prinzip der Hochschulsteuerung. Reihe Beiträge zur Hochschulpolitik, Bd. 1/20006. Bonn, S. 15-24.

Münch, Richard (2006): Die akademische Elite. Zur sozialen Konstruktion wissenschaftlicher Exzellenz. Frankfurt a.M.: Suhrkamp.

MWF (2000): Ministerium für Wissenschaft und Forschung: Hochschulgesetz NRW (Hochschulreformweiterentwicklungsgesetz). http://www.innovation.nrw.de/Hochschulen_in_NRW/Recht/HG.html. (Stand: 15.05.2008).

Nieder, Tanja; Frühauf, Susanne; Langfeldt, Hans Peter (2004): Studentische Beurteilung organisatorischer und struktureller Aspekte der Studienqualität-Vorstellung eines standardisierten Verfahrens. In: Zeitschrift für Evaluation 2004/2, S. 213-222.

Pohlenz, P (2008): Lehrevaluation und Qualitätsmanagement: Neue Anforderungen für die Hochschulsteuerung. In: Sozialwissenschaften und Berufspraxis, 31 (1), S. 66-78.

Rindermann, Heiner (2001): Lehrevaluation. Einführung und Überblick zur Forschung und Praxis der Lehrveranstaltungsevaluation an Hochschulen. Mit einem Beitrag zur Evaluation computerbasierten Unterrichts. Landau: Verlag Empirische Pädagogik.

Rindermann, Heiner (2003): Methodik und Anwendung der Lehrveranstaltungsevaluation für die Qualitätsentwicklung an Hochschulen. In: Sozialwissenschaften und Berufspraxis, 26 (4), S. 401-413.

Russon, Craig; Russon, Karen (Hrsg.) (2000): The Annotated Bibliography of International Programme Evaluation. Dordrecht: Kluwer.

Sanders, James R. (1999): Handbuch der Evaluationsstandards: Die Standards des „Joint Committee on Standards for Educational Evaluation". Opladen: Leske und Budrich.

Sanders, James R.; Beywl, Wolfgang; Joint Committee on Standards for Educational Evaluation (2006): Handbuch der Evaluationsstandards: Die Standards des „Joint Committee on Standards for Educational Evaluation". Wiesbaden: VS-Verlag.

Schiene, Christof (2004): Forschungsevaluation als Element der Qualitätssicherung an Hochschulen. In: Zeitschrift für Evaluation, Heft 1/2004, S. 81-94.

Schratz, Michael; Iby, Manfred; Radnitzky, Edwin (2000): Qualitätsentwicklung: Verfahren, Methoden, Instrumente. Weinheim, Basel: Beltz.

Schreier, Gerhard (2006): Evaluation, Akkreditierung und Institutional Audit: Aktuelle Probleme der Qualitätssicherung im Hochschulbereich und mögliche Lösungen. In: Hochschulrektorenkonferenz (Hrsg.): Qualitätsentwicklung in Hochschulen. Erfahrungen und Lehren aus 10 Jahren Evaluation. Projekt Qualitätssicherung. Beiträge zur Hochschulpolitik 8/2006. Bonn, S. 171-173.

Simonson, Julia; Pötschke, Manuela (2006): Akzeptanz internetgestützter Evaluationen an Universitäten. In: Zeitschrift für Evaluation 2/2006, S. 227-248.

Spiegel Spezial 1998: „Student '98", Jg. 6. Hamburg.

Spiel, Christiane; Martin Gössler (2000): Zum Einfluss von Bias-Variablen auf die Bewertung universitärer Lehre durch Studierende. In: Zeitschrift für Pädagogische Psychologie, Jg. 14, Nr. 1/2000, S. 38-47.

Stockmann, Reinhard (2002): Qualitätsmanagement und Evaluation. Konkurrierende oder sich ergänzende Konzepte? In: Zeitschrift für Evaluation, Heft 2/2002, S. 209-243.

Stockmann, Reinhard (2004): Evaluation in Deutschland. In: ders. (Hrsg.): Evaluationsforschung. Grundlagen und ausgewählte Forschungsfelder, 2. Aufl.. Opladen: Leske und Budrich, S.13-43.

Stockmann, Reinhard (2006): Evaluation und Qualitätsentwicklung. Eine Grundlage für wirkungsorientiertes Qualitätsmanagement. Reihe Sozialwissenschaftliche Evaluationsforschung, Bd. 5. Münster/New York.: Waxmann.

Widmer, Thomas (1996): Meta-Evaluation. Kriterien zur Bewertung von Evaluationen. Bern: Haupt.

Weber, Marcel (2007): Wissenschaftstheorie der Evaluationen. In: Matthies, Hildegard; Simon, Dagmar (Hrsg.): Leviathan, Sonderheft 24: Wissenschaft unter Beobachtung. Effekte und Defekte von Evaluationen, S.25-43.

9. Weiterführende Links

http://www.aqas.de
Agentur für Qualitätssicherung durch Akkreditierung von Studiengängen

http://www.che.de
Centrum für Hochschulentwicklung, Gütersloh

http://www.cse.ucla.edu/
National Center for Research on Evaluation, Standards, and Student Testing (CRESST), Los Angeles

http://www.degeval.de
Informative Homepage der Gesellschaft für Evaluation

http://www.dgq.de/
Deutsche Gesellschaft für Qualität e.V., Frankfurt am Main

http://www.electricpaper.de
Software für digitale Datenerfassung. Spezialisiert auf Hochschullehre

http://www.efqm.org/
European Foundation for Quality Management, Brüssel, Belgien

http://www.enqa.eu/ ENQA
European Association for Quality Assurance in Higher Education

http://www.enwiss.de/
ENWISS – Evaluationsnetzwerk Wissenschaft, Darmstadt

http://www.europeanevaluation.org/
European Evaluation Society, Nijkerk, Niederlande

http://www.evalag.de/
Evaluationsagentur Baden-Württemberg, Mannheim

http://www.evaluation.ac.at
Arbeitsbereich Bildungspsychologie und Evaluation an der Universität Wien

http://www.eval.org/
American Evaluation Association

http://www.evaluatorsinstitute.com/
Evaluationsinstitut in Lewes, USA

http://www.fh-gelsenkirchen.de/evaluation-fh-geschaeftsstelle-nrw/
Geschäftsstelle Evaluation an den Fachhochschulen in NRW

http://www.verwaltung.uni-dortmund.de/dez2geu/
Geschäftsstelle Evaluation der Landesrektorenkonferenz der Universitäten NRW, Universität Dortmund

9. Weiterführende Links

http://www.his.de/
Hochschul-Informations-System GmbH (HIS), Hannover

http://www.hrk.de/
Hochschulrektorenkonferenz in Bonn

http://www.ifv-nrw.de/ifv_eval/online.htm
Institut für Verbundstudien der Fachhochschulen Nordrhein-Westfalens, Hagen. Hier findet sich auch das Programm OnlinEva2.0

http://www.kwb.unibe.ch/lenya/kwb/live/3/33.html
Weiterbildungsprogramm Evaluation an der Universität Bern (Zertifikat, Diplom und Master in Evaluation)

http://www.uni-leipzig.de/~eval/links.htm
Geschäftsstelle Evaluation mit Schwerpunkt auf Evaluation und Qualitätsmanagement in Lehre und Studium, Universität Leipzig

http://www.master-evaluation.de
Informationen zum Masterstudiengang Evaluation an der Universität des Saarlandes Saarbrücken

http://www.maxqda.de
Informative Seite für Professionelle Textanalyse und Wissensmanagement

http://www.seval.ch/de/index.cfm
Schweizerische Gesellschaft für Evaluation

http://www.thueringen.de/de/tkm/wissenschaft/thlhp/lehre/
Thüringische Homepage zur Evaluation in der Forschung und Lehre

http://www.uni-kassel.de/wz1/
Internationales Zentrum für Hochschulforschung der Universität Kassel

http://www.univation.org/
Institut für Evaluation Dr. Beywl & Associates GmbH, Köln

http://www.wmich.edu/evalctr/
Evaluation Center der Western Michigan University der USA

http://www.verwaltung.uni-halle.de/prorstu/eval/evalhom.htm
Evaluationsbüro der Universität Halle

http://zope.verwaltung.uni-mainz.de/ZQ
Das 1999 gegründete Zentrum für Qualitätssicherung und -entwicklung an der Universität Mainz verfügt über langjährige Erfahrungen in der Evaluation von Lehre und Forschung.

http://www.wissenschaftsrat.de/
1957 gegründet erarbeitet der Wissenschaftsrat Empfehlungen zur inhaltlichen und strukturellen Entwicklung der Wissenschaft, der Forschung und des Hochschulbereichs.

http://www.zeva.org/
Zentrale Evaluations- und Akkreditierungsagentur, Hannover (ZEvA)

9. Weiterführende Links

http://www.uni-nordverbund.de

1994 gegründeter Verbund Norddeutscher Universitäten: Bremen, Greifswald, Hamburg, Kiel, Lübeck, Oldenburg, Rostock.

Das Grundlagenwerk für alle Soziologie-Interessierte

> in überarbeiteter Neuauflage!

Werner Fuchs-Heinritz /
Rüdiger Lautmann /
Otthein Rammstedt /
Hanns Wienold (Hrsg.)

Lexikon zur Soziologie
4., grundl. überarb. Aufl.
2007. 748 S. Geb. EUR 39,90
ISBN 978-3-531-15573-9

Erhältlich im Buchhandel
oder beim Verlag.
Änderungen vorbehalten.
Stand: Juli 2008.

Das **Lexikon zur Soziologie** ist das umfassendste Nachschlagewerk für die sozialwissenschaftliche Fachsprache. Für die 4. Auflage wurde das Werk völlig neu bearbeitet und durch Aufnahme zahlreicher neuer Stichwortartikel erheblich erweitert.

Das **Lexikon zur Soziologie** bietet aktuelle, zuverlässige Erklärungen von Begriffen aus der Soziologie sowie aus Sozialphilosophie, Politikwissenschaft und Politischer Ökonomie, Sozialpsychologie, Psychoanalyse und allgemeiner Psychologie, Anthropologie und Verhaltensforschung, Wissenschaftstheorie und Statistik.

Die Herausgeber:

Dr. Werner Fuchs-Heinritz ist Professor für Soziologie an der FernUniversität Hagen.

Dr. Rüdiger Lautmann ist Professor an der Universität Bremen und Leiter des Instituts für Sicherheits- und Präventionsforschung (ISIP) in Hamburg.

Dr. Otthein Rammstedt ist Professor für Soziologie an der Universität Bielefeld.

Dr. Hanns Wienold ist Professor für Soziologie an der Universität Münster.

www.vs-verlag.de

Abraham-Lincoln-Straße 46
65189 Wiesbaden
Tel. 0611.7878-722
Fax 0611.7878-400

MIX
Papier aus verantwortungsvollen Quellen
Paper from responsible sources
FSC® C105338

If you have any concerns about our products,
you can contact us on
ProductSafety@springernature.com

In case Publisher is established outside the EU,
the EU authorized representative is:
**Springer Nature Customer Service Center GmbH
Europaplatz 3, 69115 Heidelberg, Germany**

Printed by Libri Plureos GmbH
in Hamburg, Germany